Einaudi. S

© 2020 Giulio Einaudi editore s.p.a., Torino
www.einaudi.it

ISBN 978-88-06-24697-6

Silvia Candiani   Andrea Illy
Emma Marcegaglia   Federico Marchetti
Carlo Messina   Renzo Rosso
Marco Tronchetti Provera

Proposta per l'Italia
Sette protagonisti dell'economia per il Paese di domani

a cura di Alberto Orioli

Einaudi

Nulla può sostituire, per chi deve prendere decisioni, il ruolo di un'analisi rigorosa, accompagnata dell'esperienza.

MARIO DRAGHI

Introduzione
di Alberto Orioli

Di piani strategici ne abbiamo conosciuti diversi e non solo quelli affidati alla grandeur degli Stati generali. Ma queste pagine non sono un piano. Sono altro: una proposta. Nel senso di una raccolta di testimonianze. Da parte di chi ha titolarità per parlare di aspettative, realizzazioni, disillusioni. Per esperienza, per inventiva, per blasone imprenditoriale o perché è il primo banchiere d'Italia. Ma è soprattutto il frutto di riflessioni concrete. Di chi di piani ne ha visti tanti, tutti elaborati secondo l'idea un po' didattica del quadro dei dati d'insieme e delle proposte operative conseguenti. Un rosario di slide compilate con Powerpoint che per lo piú rimangono sugli schermi dove vengono proiettate.

Ciò che manca, sempre, è la vita vera. A cominciare dalla consapevolezza di una scuola che non funziona se il mondo cerca la sopravvivenza nella sfida dell'economia della conoscenza. Scuola intesa come *education*, dalla primaria all'università. E magari senza dimenticare l'istruzione tecnica. Lo sostengono tutti gli intervistati. Colpendo cosí duramente la scuola, il virus ha messo a nudo un corpo sociale privo di difese immunitarie. Andrebbe ripensata daccapo, la scuola, perché tutto passa da lí e da lí si attribuisce la giusta rappresentanza ai giovani, si riconosce la loro dignità generazionale, sempre ai margini del dibattito pubblico nel secondo Paese piú vecchio del mondo. Da lí si riducono le diseguaglianze.

Vita vera è anche quella di chi sperimenta ogni giorno la distanza tra una tecnica legislativa soffocante, perduta nei meandri delle norme attuative, e un effetto annuncio sempre esorbitante perché accreditato dalla propaganda ridotta a show ritmato dalle esigenze insaziabili del minotauro della politica social.

In genere è sottaciuto il corredo delle risorse necessarie e di quelle disponibili, salvo che nella fase piú acuta della recente crisi, quando sono stati affastellati provvedimenti d'urgenza secondo una insperata tecnica del piè di lista. È il vero Bengodi per qualunque politico, ossessionato, per statuto e indole, dal consenso e dall'idea di essere generoso verso questa o quella folla, pronta a essere riconoscente nei secoli dei secoli. Ma anche il buon senso, alla fine, vuole la sua ragioneria. Tanto piú adesso che l'Europa, diventata munifica e non piú matrigna, inonderà l'Italia di denari. Che – anche se tendiamo a trascurarlo – prima o poi andranno restituiti. Se non tutti, gran parte. E i mercati ci aspettano, in un autunno carico di ansie: il timore di una ripresa dei contagi, i conflitti sociali dovuti alla desertificazione dell'economia, i rischi di un downgrade delle agenzie di rating con un nuovo incubo da spread.

E quando si sentono le priorità di chi è sul campo si avverte la concretezza come metodo implacabile: idee, costi, benefici e rischi. Per capire, ad esempio, come spiega Carlo Messina, che bisogna far diventare produttivo l'ingente capitale finanziario che compone la ricchezza degli italiani, in endemica distanza dall'economia reale. E non con la patrimoniale. O per comprendere come dietro la svolta green non ci siano solo dei bonus, ma un difficile cambiamento di paradigma tecnologico e significa chiudere insediamenti, modificarne altri, rinunciare a certi posti di lavoro per crearne di nuovi o per riconvertirne molti. Magari significa pensare, come avverte Emma Marcegaglia, che il gas non sia un nemico e che le trivelle o le pipeline non siano il male. Perché da soli l'eolico o il solare non bastano e soprattutto sono instabili. È tempo di guardare all'idrogeno, magari piú nei trasporti che nella siderurgia, dove questa rivoluzione produttiva non è dietro l'angolo come viene accreditato. E, se proprio ci si vuole spingere sulla frontiera estrema della sostenibilità, anche l'opzione del nucleare sicuro e miniaturizzato non è da scartare.

L'Italia digitale è la speranza ottimista di Silvia Candiani che applica l'utopia dell'«intelligenza artificiale democratica» immaginata da Satya Nadella. Ma è anche il titolo di almeno una mezza dozzina di piani strategici che certo non hanno mai realizzato la diffusione della banda ultralarga cosí come la promettevano. Senza contare che l'Italia mantiene un'ambigua posizione geopolitica sul 5G, un po' perché non ha forza sufficiente, tantomeno quella di imporre una posizione all'Europa. Eppure, come spiega Marco Tronchetti Provera, l'Europa sarebbe l'unico vero soggetto politico in grado di interagire alla pari con i colossi Usa e Cina oggi in conflitto. E non sono solo i due giganti del mondo a litigare, ma anche due soggetti italianissimi come Tim e Open Fiber, concorrenti su un mercato che non è sufficientemente grande e costretti a un matrimonio d'interesse nella rete unica che non si riesce a fare.

Ma soprattutto è il peso della burocrazia che spaventa sempre chi sta sui mercati, i piú diversi. L'Italia applica il principio di libertà come corollario del principio di legalità. Il primo prevede che sia tutto fattibile tranne ciò che è vietato, il secondo invece che sia fattibile solo ciò che è autorizzato. Il mix da noi, alla fine, privilegia un'idea di libertà ottriata, come era quella delle prime Costituzioni concesse dal re che si autolimitava i poteri rispetto ai sudditi. E il passaggio da sudditi a furbi è breve, brevissimo. È ciò che teme Renzo Rosso che chiede la rivoluzione etica della consapevolezza verso il made in Italy. Che è innanzitutto riconoscimento del valore della competenza. Quella che la politica, nel corso degli anni, sembra avere smarrito fino a consegnarsi alle smagate abilità di una burocrazia preoccupata, per sua stessa natura, piú ad autoperpetuarsi che a rendere efficiente il Paese.

C'è un tratto comune tra questi campioni del capitalismo contemporaneo. La percezione che il capitalismo sono (anche) loro. E la consapevolezza che anche il capitalismo deve fare un passo avanti. Innanzitutto, per uscire dalla nube di fenomeno astratto o, peggio, affidato alla sola rappresentazione dei detrattori di una presunta deriva neoliberista, per calarsi nella concretezza di un giorno-per-giorno personale. Con un esercizio di libero arbitrio lungimirante e solidale, con una maturazione su un'idea di difesa degli interessi piú equa ed etica. Piú redistributiva. Se non per filantropia, magari per convenienza, perché alla fine significa efficienza economica. «L'altruismo come forma intelligente di egoismo» di cui parla Andrea Illy, ad esempio. La rivoluzione dell'orizzonte lungo che, da categoria sempre tradita della politica, torna categoria propria dell'impresa. È fallito il turbocapitalismo, la nevrosi del tempo sempre piú ravvicinato, degli obiettivi di breve periodo, quasi istantanei. L'utile rimane uno scopo, ma da conseguire con un'idea di impresa piú certa della sua responsabilità sociale. Che è un valore e, alla lunga, riverbera ricchezza in sovrappiú. Soprattutto se sposa intelligenza artificiale, creatività e vocazione sostenibile come avverte Federico Marchetti. E guai ad aspettare una norma, una regola dall'alto; meglio agire in proprio fino dove è permesso, sempre avendo in mente che a migliorare deve essere il Paese.

Non sono risposte di maniera o solo politicamente corrette. Sono riflessioni dettate dall'esperienza, successi e disillusioni, dalla sensibilità di chi sa mettersi in relazione con lo spirito del tempo. E oggi è produrre pensiero, pescando a fondo in cerca della saggezza nutrita di sobrietà, decoro e rigore. Cosí classica, cosí dimenticata. Forse è anche questa la lezione del coronavirus: ha dato concretezza e fisicità all'idea di essere, tutti noi, altrettanti punti di connessione di quel meraviglioso caos che si chiama umanità. Cosí nell'agenda dei campioni dell'impresa diventa naturale che ci sia la volontà di guidare la crescita tecnologica, l'ansia di sapere quale sia il destino del sogno europeo, quale la deriva americana che chiude i commerci, quale l'ambizione vera dell'egemonia cinese o il potenziale del mistero africano. E probabilmente la costruzione della nuova globalizzazione, se il mondo non deciderà di rinserrarsi dietro i bastioni del sovranismo, passerà proprio da questa nuova ansia di sapere e di conoscere. E, alla fine, di riconoscersi. Che rimanda al modo originario e umanissimo di essere imprenditori. A ben pensarci non molto dissimile da quello proprio degli esploratori.

ALBERTO ORIOLI

Proposta per l'Italia

Silvia Candiani
L'intelligenza artificiale ci salverà

Silvia Candiani è amministratore delegato Microsoft per l'Italia dal 6 settembre del 2017, un gruppo con 850 addetti e 10mila partner con 350mila lavoratori coinvolti. Laureata in Economia alla Bocconi, master in Business Administration conseguito presso l'Insead di Fontainebleau, ha lavorato in Omnitel, Vodafone, San Paolo Imi e McKinsey. Tra le fondatrici di ValoreD, da sempre promuove un ambiente di lavoro che punta alla diversità e inclusione. Ha lanciato nel maggio 2020 il piú grande investimento Microsoft in Italia, 1,5 miliardi di dollari per innovazione, competenze e sostenibilità del Paese e delle imprese.

Detto brutalmente, tra smart working e riunioni in remoto, siete tra i pochi che avete avuto un vantaggio dal lockdown.

Sí, anche se detto cosí suona forse un po' brutale. Microsoft ha fatto moltissime donazioni, messo a disposizione tecnologia gratuitamente e fornito assistenza a titolo gratuito. Certo è vero e significativo quello che ha detto Satya Nadella in una call con gli analisti: abbiamo avuto in due mesi la *digital transformation* che, in tempi normali, avremmo avuto in due anni. Anche prima, per la verità, almeno il 90% delle aziende già usava la nostra piattaforma per esperienze di smart working. Ma certo l'utilizzo era un po' a scartamento ridotto, se non solo sporadico. Indubbiamente nel giro di pochi giorni l'uso è diventato massivo. Quanto ai volumi, abbiamo calcolato che, anno su anno, il numero di chiamate è aumentato di dieci volte. Detto questo, in Italia rimaniamo ancora un po' «verdi», acerbi, nella capacità di impiegare al meglio queste piattaforme che hanno un potenziale enorme, ben oltre quello di una semplice applicazione per videochiamate. Si può condividere e co-gestire la messa a punto di documenti, si può creare una dashboard con i risultati in tempo reale rilevabili da singoli gruppi di progetto per avere un riscontro continuo e sempre aggiornato del loro piano di lavoro. Insomma, il virus ci ha imposto di nuotare, direi che siamo rimasti a galla, ma da qui a essere diventati esperti di nuoto sincronizzato c'è ancora molto da fare. La tecnologia può essere usata di piú e meglio anche per cambiare la cultura organizzativa delle imprese, terreno su cui c'è ancora molto da investire, se l'obiettivo è un modo di lavorare piú collaborativo e inclusivo. E non dimentichiamo che una ricerca del Politecnico di Milano stimava – ancora prima che fossimo colpiti dal coronavirus – che l'uso ottimale della tecnologia, nel senso di maggiore flessibilità operativa e maggiore coinvolgimento dei dipendenti, determina un aumento di produttività del 20%. Prima poteva essere un'opzione tra altre, adesso, nella gestione della pandemia e del dopo-pandemia è praticamente una strada obbligata.

Come hanno reagito le nostre piccole e medie imprese? Il nuovo lavoro è arrivato anche qui?

Le piccole e medie imprese hanno dovuto adattarsi. Storicamente quelle italiane sono meno sensibili alle tecnologie e meno digitalizzate rispetto alle Pmi, ad esempio, del Nord Europa, e naturalmente meno delle grandi aziende. Dall'altra parte sono però piú flessibili e hanno una maggiore capacità di adattamento e di resilienza. Credo abbiano rivalutato la tecnologia come asset strategico per ripartire. Anche se, purtroppo, per adesso il primo obiettivo è ancora sopravvivere e la prima urgenza è la liquidità. Ma è indubbio che per ripartire occorre investire in e-commerce e in modalità che garantiscano il contatto diretto con i clienti o la gestione strutturale, in remoto, di alcune attività. Non mancano gli esempi di aziende virtuose, che non si sono lasciate arrestare dalla pandemia e che hanno prontamente fatto leva sul cloud e sugli strumenti di collaborazione digitale per garantire continuità al proprio business. Un esempio è quello di Cantina Toblino – realtà vitivinicola della Valle dei Laghi – che ha ripensato l'esperienza enogastronomica insieme a Microsoft e al partner Si-Net, dando il via al suo primo Virtual Food&Wine Tasting grazie alla piattaforma di collaborazione Cloud Teams.

La criticità dell'attuale emergenza sanitaria è stata trasformata in un'opportunità per modernizzare i processi e inaugurare nuove modalità d'interazione digitale con player e opinion leader del mercato enogastronomico. Penso anche a una analoga e altrettanto interessante esperienza: quella di Longino & Cardenal, punto di riferimento per la ristorazione di alta qualità che ricerca in tutto il mondo cibi rari e preziosi per portarli sulle tavole dei migliori ristoranti e alberghi nazionali e internazionali. Appena è scoppiata l'emergenza sanitaria hanno adottato rapidamente Microsoft Teams per continuare a collaborare a distanza e portare avanti anche le attività più delicate come i consigli di amministrazione e la formazione. È uno dei nostri obiettivi con il piano Ambizione Italia#DigitalRestart che ha, tra i suoi focus principali, proprio le piccole imprese: sia tramite semplici pacchetti di soluzioni digitali mirati a queste aree di bisogno importanti, ma non particolarmente sofisticate, sia con vera e propria formazione su cosa la tecnologia possa fare per le Pmi senza necessariamente trasformare gli addetti e i manager di quelle imprese in veri e propri developer.

Rete. Quanto c'è ancora da fare? Senza la rete non c'è digitalizzazione. A che punto siamo?

La rete è come l'energia elettrica e tutti hanno bisogno di avere accesso alla rete veloce. Che significa poi avere accesso ai servizi avanzati, ad esempio del cloud. Si è addirittura discusso se l'accesso alla rete configuri un vero e proprio diritto costituzionale. In generale, non credo che l'Italia sia particolarmente arretrata, anche se so che ci sono problemi di connessione, magari in alcuni distretti industriali, fenomeno che dovrà essere risolto con l'uso migliore delle tecnologie disponibili tra fibra e 5G. Purtroppo, allo stato dell'arte, abbiamo piú rete che competenze per usarla.

In effetti, è come se a chi conosce soltanto il cavallo come mezzo di trasporto arrivasse improvvisamente un'automobile. Probabilmente ne farebbe solo una fioriera. Ciò che serve davvero è la trasmissione della conoscenza adatta.

L'indicatore europeo Desi (Digital Economy and Society Index) fotografa un'Italia dove non c'è tanto un problema di accesso alla rete, quanto piuttosto di capitale umano. C'è un gap rispetto agli altri Paesi nelle competenze, abbiamo il 20% di laureati, rispetto al 40% della media Ue. Abbiamo un tasso enorme di disoccupazione giovanile, ma ci sono almeno 150mila posizioni lavorative nell'Ict (Information and Communication Technology) che non sono coperte perché mancano i tecnici. Oggi il 30% delle aziende dice che, pur avendo consapevolezza del valore prezioso che potrebbe avere, non investe nella digitalizzazione o nell'intelligenza artificiale perché non avrebbe il personale con le giuste competenze per poterlo gestire. E non parlo di developer: spesso mancano proprio le competenze digitali di base.

Mancano corsi o studenti?

In generale abbiamo meno laureati. Come detto, siamo alla metà rispetto alla media europea, e, in questo bacino già ridotto, solo il 20% si laurea in una materia Stem (Science, Technology, Engineering and Mathematics). Il Politecnico ha sempre detto che sarebbe in grado di laureare un numero di ingegneri cinque volte superiore a quello attuale, ma ciò che manca sono gli studenti. In Germania funzionano molto bene gli istituti tecnici superiori che sono una forma ibrida post-diploma. Sono arrivati anche da noi ma la differenza è tra 800mila studenti in Germania e circa 6mila in Italia. E l'avere interrotto la positiva esperienza di Industria 4.0 certo non aiuterà. È stato un grande errore, ma mi pare che il governo ci stia ripensando.

C'è un problema anche per chi lavora già?

Certo. Tutte le aziende stanno diventando una sorta di *software house* di necessità e hanno bisogno di competenze interne per fare l'upgrading tecnologico, o comunque di risorse in grado di dialogare con chi faccia quei servizi dall'esterno. Ma c'è una carenza enorme. Un direttore marketing, un direttore di produzione, gli stessi amministratori delegati dovrebbero avere tutti una cultura che abbia anche elementi di conoscenza del potenziale della digitalizzazione o dell'intelligenza artificiale utile ad automatizzare alcuni processi produttivi. Ma non sempre questi elementi fanno parte del bagaglio conoscitivo di queste figure.

Non è solo un problema italiano, in Europa c'è almeno un milione di posti di lavoro legati alla diffusione tecnologica che non viene coperto per mancanza di candidati. La tecnologia corre, il modello di istruzione-formazione va molto piú lento. Serve piú capacità di investire in ricerca, piú possibilità di usare le tecnologie, piú capacità di mettere sul mercato giovani formati, magari anche grazie alla formazione che si fa nelle aziende. Temo che i governi non abbiano perfettamente a fuoco questa urgenza. Ma è decisiva.

Intelligenza artificiale democratica. Satya Nadella definisce cosí il suo obiettivo, la sua filosofia di gestione della multinazionale che fu di Bill Gates. Richiede investimenti colossali, come si può tradurre in un driver per la crescita globale?

Mentre un tempo il sogno di Bill Gates era un Pc su ogni scrivania – e allora sembrava impossibile – oggi il nuovo sogno dell'informatica e di Nadella è la diffusione, la piú ampia e pervasiva, dei servizi dell'intelligenza artificiale.

La nostra idea è che l'intelligenza artificiale debba essere abbinata alla piattaforma cloud in modo che una piccola o piccolissima impresa o una startup che sappia usare l'AI e il cloud possa avere accesso alla capacità di calcolo e ai sistemi di dati complessi che normalmente sono appannaggio soltanto di imprese grandi o grandissime. Non c'è bisogno di impegnare investimenti colossali. L'idea di fondo è che si pagano solo i servizi che vengono utilizzati, per il tempo in cui vengono utilizzati. La democratizzazione dell'intelligenza artificiale è questo.

Facciamo qualche esempio concreto?

È presto detto: nel caso di un incidente stradale posso fare la foto al veicolo danneggiato e lanciarla nel cloud che sarà in grado di elaborare l'entità del danno, commisurandolo al veicolo e ai suoi dati in una procedura automatizzata che coinvolga le rispettive compagnie di assicurazione e crei una gestione standardizzata dei dati e dei controlli ed eviti i contenziosi. È un'evoluzione della costatazione amichevole che oggi affidiamo a un modulo cartaceo. In questo caso, il nucleo di base è la capacità di riconoscimento visivo, ma naturalmente si possono creare una infinità di applicazioni anche grazie al riconoscimento vocale, fino a creare un risponditore automatico personalizzabile che possa interagire con i clienti a fronte di domande le cui risposte non abbiano bisogno di elaborazioni complesse. La complessità resta affidata alla presenza umana.

È importante anche la modellazione degli algoritmi che consentono di capire in anticipo i trend di comportamento e le caratteristiche di consumo o di preferenza. Oggi sono modelli facili da realizzare già nel cloud.

Ci sono applicazioni anche per la sanità. Telemedicina, ma anche elaborazione dei big data che anticipano i risultati delle ricerche che altrimenti richiederebbero tempi lunghi.

L'esperienza del coronavirus ha rilanciato l'idea di salute legata alla tecnologia?

Direi di sí. Grazie all'intelligenza artificiale o al *quantum computing* o al *planetary computing* la nuova potenza di calcolo espressa consente di testare i risultati delle ricerche per le nuove cure – ad esempio contro il cancro – accorciando enormemente i tempi di verifica. È una svolta epocale.

Cito solo due casi: con il Besta di Milano abbiamo realizzato una infrastruttura tecnologica per la telemedicina con cui l'ospedale monitora i pazienti di lungo corso con scambi continui di valutazioni cliniche. Un grande vantaggio nella fase dell'isolamento – che resterà – visto che il 60% dei pazienti del Besta non viene dalla Lombardia. Con il San Raffaele abbiamo realizzato il software per dare vita a uno «score AI», uno screening di dati elaborati dall'intelligenza artificiale su materiale genetico per prevedere in anticipo la possibilità che i pazienti possano essere tra i soggetti piú a rischio Covid-19. In questo modo l'ospedale ha la fotografia dei pazienti che dovranno eventualmente essere gestiti secondo procedure speciali e soprattutto monitorati secondo nuovi principi di prevenzione.

L'uso dell'intelligenza artificiale ha un potenziale enorme. E vale anche per le altre grandi sfide che ha di fronte il pianeta, come il surriscaldamento globale, ad esempio. Da soli, i singoli Stati non sono in grado di mettere in campo una potenza di calcolo e di gestione analitica delle informazioni cosí colossale. Lo sviluppo dell'intelligenza artificiale legato a politiche comuni ormai fa la differenza e consente di affrontare con successo i megatrend e di arrivare a migliorare la capacità di affrontare il futuro.

La gestione ottimale dei big data diventa fondamentale anche per programmare la vita delle città, i nuovi sincronismi sociali.

È cosí. Stiamo collaborando a un progetto molto innovativo vicino a Bergamo proprio per mettere a disposizione di un intero quartiere una grande quantità di contenuti digitali e dati per migliorarne la sicurezza, la gestione dei flussi, del traffico, dell'illuminazione e le applicazioni della domotica.
A partire dalla collaborazione tra Gewiss, Siemens e Microsoft è stata sviluppata la piattaforma per sistemi urbani Gsm (Global System Model) che consente l'integrazione gestionale tra infrastruttura digitale e sistemi impiantistici ed è stata scelta da Elmet (società del Gruppo Immobiliare Percassi) per l'avveniristico quartiere Chorus Life a Bergamo, che punta a diventare un modello di socialità e un riferimento internazionale per la «Smart City». L'interconnessione degli edifici in rete, oltre a consentire una loro gestione geografica da remoto in tempo reale, produce una grande quantità di dati che strutturati, analizzati e trasformati in smart data permettono di realizzare applicazioni e servizi digitali a elevato valore aggiunto, in grado di aumentare il comfort, la sicurezza, la produttività e la sostenibilità di ogni edificio.

Resta il problema di fondo degli open data. Non sempre è possibile avere a disposizione i dati spesso considerati sensibili.

I dati possono aiutare la gestione ottimale delle imprese, ma anche delle città o delle istituzioni. È vero, esiste un tema di open data. Soprattutto le informazioni della pubblica amministrazione sono considerate off limits e di fatto sono inespugnabili e non si possono mettere a fattor comune per migliorare la vita di tutti. Bisogna cambiare schema. Il tema è maturo e anche le istituzioni dovrebbero affrontarlo.

Però il tema della tutela della privacy è un tema reale e delicatissimo.

Il presidente di Microsoft, Brad Smith, ha scritto di recente il libro *Tools and Weapons* proprio per spiegare che l'uso dei dati può essere uno strumento ma anche un'arma. Noi abbiamo un profilo etico molto accentuato, da sempre. Poniamo grande attenzione al tema della privacy e dell'uso dei dati, il nostro business model non è quello di usare i dati dei nostri clienti a fini commerciali come fanno molti altri. Per noi i dati sono e restano proprietà del cliente. Il nostro compito è quello di creare strumenti al servizio delle imprese per farle crescere nell'uso del digitale. Non abbiamo un business model basato sulla pubblicità, sulle profilazioni dei nostri utenti o sull'e-commerce. Sappiamo bene che i dati sono un valore gigantesco e sono la nuova materia prima. Ma l'idea di usare i profili dei nostri clienti per venderli a terzi è un sistema che crea solo conflitto di interessi e, alla lunga, diventa pericoloso.

Il modello di business puro è la migliore assicurazione che, nel lungo termine, si possano gestire allineamenti di obiettivi tra noi e l'impresa-cliente senza equivoci e senza conflitti di interessi.

Privacy quindi non è il nemico da battere?

Per noi è la declinazione contemporanea di un vero e proprio diritto umano. Se vogliamo che ci sia fiducia nella tecnologia – e noi lo vogliamo – bisogna che ci sia la possibilità di considerare amiche e non nemiche o pericolose proprio quelle stesse tecnologie.

E-learning e scuola da remoto. È stato un boom. Qual è la sua valutazione di questa esperienza? Cosa rimarrà?

La scuola da remoto, a parte qualche difficoltà nei primi giorni, ha stupito tutti in positivo. Partivamo da una situazione di scarsa predisposizione all'uso della tecnologia digitale. Si temeva che potesse avere un cattivo influsso anche il fatto che in Italia l'età media degli insegnanti è molto piú alta che negli altri Paesi europei. Ma alla fine la quasi totalità delle scuole è riuscita a creare sistemi per organizzare lezioni online e a non far cessare la continuità dell'anno scolastico. Certo non tutti hanno sfruttato le potenzialità della tecnologia allo stesso modo e per lo piú è stato un uso molto limitato. Ma è stato un ottimo inizio. Nella nostra piattaforma abbiamo quasi un milione e mezzo di studenti, che è un numero importante. Abbiamo fatto corsi di formazione ad almeno 100mila insegnanti. In una prima fase, le lezioni da remoto hanno replicato il modo di fare lezione in classe, ma poi sempre piú insegnanti hanno compreso il potenziale dello strumento tecnologico e hanno modificato i linguaggi e la modalità di organizzare le lezioni facendo ricorso a filmati o inserti interattivi. La lezione cosí diventa un vero e proprio momento di coaching, ma certo non è ancora un fenomeno diffuso. In base alla nostra esperienza proprio i ragazzi hanno molto migliorato la loro capacità di elaborare testi multimediali e di gestire ricerche sulla rete. Sono competenze che resteranno ai nostri giovani, come prezioso bagaglio utile anche per il loro futuro. Ora la Fase 2 dovrebbe tradursi in un modello ibrido e speriamo tutti di tornare alla scuola in presenza, ma con una possibilità di impiegare la tecnologia per sviluppare competenze digitali fino al *coding*, ma anche la creatività e la capacità di risolvere problemi e di lavorare in squadra.

Si arriverà ad avere classi virtuali, un non-luogo terzo dove gli alunni agiranno come avatar o ologrammi?

Mi sembra per ora una situazione piú vicina a qualche film futuribile. Ma è vero che, ad esempio, già oggi alcune università adottano un device che si chiama HoloLens con cui gli studenti seguono le lezioni di anatomia in 3D che è cosa ben diversa dallo studio del corpo umano su testi cartacei. Esistono poi esperienze di visite guidate virtuali in alcuni centri di eccellenza della scienza oltre che nei musei, dove gli studenti, dopo aver percorso i luoghi in modo virtuale possono dialogare in presa diretta con le comunità di scienziati o di esperti. C'è poi una applicazione ulteriore dell'intelligenza artificiale a supporto della didattica. Esistono programmi che aiutano la correzione dei compiti degli studenti e creano percorsi personalizzati nei test successivi basati proprio sui punti deboli da migliorare. In questo caso l'insegnante diventa un vero e proprio tutor. È stato stimato che questo sistema aumenta del 20% il rendimento scolastico degli alunni.

Robot e lavoro. Vinceranno le macchine?

Ci sono vari studi, come ad esempio quello realizzato dalla McKinsey o dal World Economic Forum di Davos, che dimostrano come il saldo tra lavori creati e distrutti sarà comunque positivo. Mi sento di sottoscrivere questo scenario. E non per spirito consolatorio. Semmai la difficoltà è un'altra: conosciamo molto bene i lavori distrutti, ma facciamo fatica a immaginare i lavori che verranno creati nell'immediato futuro per il semplice fatto che non sono ancora in atto. Si parla del *digital experience designer*, figura che mai avremmo potuto immaginare qualche anno fa o del *customer experience designer* o del *data scientist* e di tutte le nuove figure che tracciano percorsi di interazione tra uomo e macchina. Ci sono alcune figure professionali non facilmente sostituibili perché fondano il loro ruolo sull'empatia, sullo scambio interpersonale diretto, come gli insegnanti, gli psicologi, i medici in generale e gli infermieri. Resta vero che è irrinunciabile investire sulla formazione perché comunque i nuovi lavori richiedono set di competenze nuovi. È vero, ad esempio, che, nel medio periodo, non ci saranno più operatori di call center, ma ci saranno *social media analists* che potrebbero diventare una evoluzione di quel vecchio ruolo perché comunque legato alla capacità di interazione con le persone. Certo serviranno anche competenze di *digital media marketing* o skill inerenti alla capacità di interagire sul web. Questo esempio serve a dimostrare quanto possa diventare importante e strategico il tema del *reskilling*, della creazione di nuove abilità per essere preparati al lavoro di domani. Dunque, a fianco di un investimento forte nel percorso formativo che porta all'università, serve anche un adattamento continuo alle nuove esigenze e ai nuovi saperi legati all'evoluzione della tecnologia, della scienza e della rivoluzione industriale in atto con tempi molto accelerati. Si tratta di avere un approccio aperto verso il cosiddetto *continuous learning* perché oggi bisogna continuare a studiare per tutto il corso della propria vita lavorativa e non. È per questo che come Microsoft Italia abbiamo deciso di darci come obiettivo la formazione di 1,5 milioni di persone in tre anni anche grazie a possibili partnership pubblico-privato.

L'Italia può far conto su una quantità di denaro mai conosciuta prima per uscire dall'emergenza. Il vero problema è definire le priorità. Qual è la sua?

Ci sono studi importanti su quali siano le correlazioni decisive tra investimenti e progresso di un Paese. E sono l'investimento in ricerca e sviluppo, quello in tecnologie e infine l'investimento nella creazione delle competenze. È chiaro che ogni politica economica della ripartenza debba iniziare da qui. E non penso solo a investimenti diretti dello Stato, ma a politiche che possano mobilitare investimenti privati con un efficiente meccanismo di leva.

Ray Kurzweil, futurologo di Google, dice che i software diventeranno parte del nostro corpo ed entro il 2030 avremo una zona della corteccia cerebrale connessa al cloud. È credibile?

Un chip nel cervello mi spaventa un po': un futurologo se lo può permettere. Ci sarà certo una convergenza tra biologia e informatica alla ricerca degli innesti di materia organica nei computer. C'è un grande sforzo nella ricerca dei nuovi materiali intelligenti fino alle nuove medicine in grado di modificare gli effetti a seconda del corpo destinato ad assorbirle.

C'è un trend per cui tutti i prodotti e gli oggetti devono essere smart, dall'auto con guida autonoma al frigo, al semaforo. Stiamo lavorando a un progetto con OpenAI sul quale è stato stanziato un investimento corposo per realizzare un supercomputer avanzato che lavora a una intelligenza artificiale che simuli il modo di pensare umano. È chiaro che rimane un tema etico su dove mettere il limite tra ciò che le macchine possono fare e ciò che vogliamo che facciano.

Bill Gates ormai è un filantropo. La pandemia ha dato spazio all'idea dell'economia del dono?

Bill e Melinda Gates hanno creato da piú di 20 anni la loro fondazione che ha scopi filantropici. Ed è incredibile guardare ai risultati: se vediamo che la mortalità infantile è dimezzata nel mondo è anche il risultato meraviglioso di quel loro impegno, a cominciare dai vaccini. Hanno applicato lo stesso approccio gestionale valido per una grande azienda anche alle iniziative che hanno obiettivi sociali. Piú in generale credo che stiamo entrando in una nuova idea d'impresa molto simile a quella teorizzata da Olivetti. Lavoriamo in un ecosistema e questo è diventato patrimonio culturale comune. Non possiamo pensare di fare profitti senza pensare all'evoluzione positiva delle società e dell'ambiente in cui operiamo.

Che Europa vede dopo le misure decise a Bruxelles sulla pandemia?

Vedo che per l'Europa c'è una grande opportunità di tornare alle origini e alle motivazioni vere e piú profonde che sono alla base dell'idea dell'Unione. E non è solo una questione di mercato unico, ma è altro. Mi sembra che la direzione sia questa. Comunanza e solidarietà.

Voi amministratori delegati Microsoft dei vari Paesi europei vi riunite periodicamente. Qual è l'Europa che vivete voi?

Noi lavoriamo insieme e c'è uno scambio continuo. Alla fine, sono certo piú le *similarities* che le differenze. E su alcuni progetti si lavora anche insieme. Ci sentiamo europei piú che mai.

È maturo il tempo di una web tax?

Non abbiamo una posizione predefinita. Naturalmente noi paghiamo le tasse in tutti i Paesi dove operiamo e siamo rispettosi delle diverse leggi fiscali. Ciò di cui siamo certi è che la nostra politica di presenza sui territori deve diventare un valore per i diversi ecosistemi sociali ed economici. E che il senso dei nostri investimenti sia la creazione di benessere diffuso.

Nel 2019 lei ha detto: «Microsoft agisce come moltiplicatore del valore per la filiera e sul territorio e secondo i dati Idc 2019 per ogni dollaro fatturato da Microsoft l'ecosistema di partner genera oggi quasi 10 dollari. Da un'analisi che abbiamo condotto in collaborazione con l'American Chamber of Commerce è emerso che nel nostro Paese, la ricchezza generata da una maggiore diffusione dell'AI ovvero il fatturato in piú prodotto dalle nostre imprese ammonterà nel 2030 a 570 miliardi che corrisponde a un +23%. Le aziende che prima e meglio adotteranno le nuove tecnologie cresceranno, mediamente, ogni anno, di circa il 3% in piú rispetto alla media del loro settore di riferimento». Sarà ancora vero dopo la pandemia?

Ritengo di sí. Anzi, forse ancora di piú. Il fattore leva è fondamentale per noi. Sentiamo la responsabilità forte di non essere parassiti rispetto alle economie dove operiamo. Sentiamo la missione di far crescere le opportunità e il valore con beneficio per tutti. So bene che altri hanno l'approccio contrario: prendono ricchezza e la portano fuori dai Paesi che la generano. La vera crescita passa dalla condivisione del benessere e dalla creazione del surplus economico per il Paese, non per la singola impresa. Obiettivo: l'aumento di competitività. Per questo preferisco parlare di ecosistemi dove noi siamo uno degli attori. La scommessa per il futuro passa da qui anche per l'Italia.

Andrea Illy

L'ora dell'altruismo

Andrea Illy è presidente di illycaffè Spa, industria di famiglia fondata nel 1933 e oggi presente in 140 Paesi, di cui è stato amministratore delegato per 22 anni, fino al 2016. Laureato in Chimica all'università di Trieste, ha conseguito il Master Executive alla Sda Bocconi di Milano e un Advanced Management Program all'Harvard Business School. Ha inoltre studiato Total Quality Management in Giappone, Innovation al Mit di Boston, Exponential Technologies alla Singularity University e Complexity Science alla Oxford University.

È stato presidente della Asic (unica associazione internazionale dedicata alla scienza del caffè) dal 1999 al 2014 e presidente del Promotion and Market Development Committee dell'International Coffee Organization (organizzazione mondiale intergovernativa) dal 2012 al 2015, nell'ambito della quale ha curato la piú grande celebrazione nella storia del caffè in occasione di Expo Milano 2015.

Dal 2013 al 2019 è stato presidente della Fondazione Altagamma, che rappresenta i piú importanti marchi italiani di eccellenza. Sempre dal 2013, è membro del Consiglio superiore della Banca d'Italia e, dal 2015, del Comitato consultivo in materia di revisione interna.

Dal 2019 fa parte della Community of Chairpersons del World Economic Forum che ogni anno realizza il forum di Davos in Svizzera.

«Italia felix» era il suo libro manifesto per valorizzare tutto il meglio che il nostro Paese sa dare, ma a volte dimentica di avere. Poi è arrivato il coronavirus e per tornare all'Italia felix la strada è diventata ancora piú impervia. Il fine ultimo della felicità è la condivisione, scriveva nel 2018; forse l'isolamento coatto a cui abbiamo obbedito con grande disciplina ci ha dimostrato che l'Italia è un Paese che sa condividere. È l'inizio del riscatto?

È stato descritto come libro manifesto, ma non era quella la mia volontà, a dire il vero. Era solo un modo per rendere esplicita un'idea di fondo improntata a una parola chiave: ottimismo. Ottimismo però con realismo, atteggiamento che potrebbe fare dell'Italia un Paese molto migliore di come appare o di come è. Tutto parte dall'idea dell'altruismo che, in effetti, abbiamo esercitato come italiani anche nella gestione della pandemia. Il mondo si trova ad affrontare fasi di complessità mai conosciute dovute a tantissimi fatti tutti contemporanei: globalizzazione, demografia, concorrenza tra Stati, Unione europea in tensione, crisi climatica, difficoltà legate ai mercati finanziari. Una complessità non alla portata di esseri umani isolati. Ciò che fa la differenza è la rete dei cervelli, come insegna un bellissimo libro scritto da un giornalista finanziario del «New Yorker», James Surowiecki dal titolo *La saggezza della folla*. Il senso è: solo le intelligenze di un numero significativo di persone possono affrontare e risolvere i giganteschi problemi che fronteggiamo ogni giorno. L'Italia lo ha fatto solo episodicamente. E viene in mente il Rinascimento, che però non ha piú nulla di comparabile alla realtà moderna. Questa Italia, che ha poco piú di 150 anni di vita, solo nel secondo dopoguerra ha realmente tentato la strada della rete dei cervelli e nel giro di un paio di decenni è diventata una delle principali potenze industriali ed economiche del mondo. Scienza, tecnologia, capacità di lavoro, cultura, arte: l'Italia ha espresso il suo potenziale al meglio. Avevamo l'urgenza di ricostruire il Paese e ci siamo messi a lavorare tutti assieme, pancia a terra. Anche se l'italiano – lo sappiamo – è tendenzialmente furbo e individualista, predilige il perseguimento dell'interesse personale.

E allora l'altruismo?

L'altruismo è l'espressione finale del senso civico, dell'idea di interesse comune, dell'abbandono della logica del «mi faccio i fatti miei» e dell'avvento della messa a fattor comune di competenze, intelligenze, sensibilità e valori comuni. Sia chiaro: l'altruismo per me è una forma di egoismo intelligente. È solo una questione di soglie, come per il dolore: l'italiano persegue l'interesse proprio fino a quando gli conviene, quando questa convenienza viene meno allora lavora con gli altri e cosí si crea lo switch tra individualismo e altruismo. Fino al 2019 non si era raggiunta la soglia della non convenienza dell'individualismo. Ed è drammatico doverlo dire. Perché il 2019 è stato un anno orribile: la performance economica era la peggiore nell'Europa e segnalava stagnazione, il debito pubblico restava esorbitante e inchiodato al 135% del Pil con la prospettiva di continuare a crescere, la disoccupazione era uno stock mai smaltito e con un tasso doppio della media Ue. Se non ci fosse stato il coronavirus avremmo continuato a vivacchiare come sempre in una logica di sopravvivenza. E, ciò che è peggio, eravamo un Paese senza *exit strategy* rispetto alla montagna del debito pubblico: questo riduceva la credibilità e la fiducia dei nostri creditori e delle agenzie di rating e cosí l'Italia perdeva ogni giorno reputazione e potere negoziale verso l'Unione europea, che condiziona la legge di bilancio, verso la Bce, che di fatto compra i nostri titoli di Stato, verso le agenzie di rating che determinano lo spread, verso gli investitori esteri che orientano le scelte dei capitali internazionali.

Nel 2019 l'Italia già scontava la doppia crisi precedente, del 2008 e del 2011. Avevamo perso 4 punti di investimenti sul Pil: la media Ue era del 20-21% del Pil, ma l'Italia era scesa al 17% con una perdita di circa 70 miliardi di investimenti. Vale a dire: stagnazione, disoccupazione e abbattimento della produttività, già tallone d'Achille del Paese. Ma soprattutto questa situazione per il cittadino significa perdita di fiducia e di orizzonte dovuta alla mancanza di un'idea di futuro e di prospettiva del benessere. Sfiducia.

Dunque, qual è la conseguenza di questa sfiducia?

La ricerca disperata di una via d'uscita con il voto politico affidandosi a esperimenti che creano però solo nuova instabilità. E questa situazione non fa altro che far ripartire le condizioni strutturali negative che invece dovrebbero cambiare. Cosí ricomincia il circolo vizioso. Anzi, si crea un vero e proprio gorgo di cui il Paese è prigioniero dal 2008.

Con la pandemia è cambiato tutto?

Eravamo un Paese storpio, ma il coronavirus ci ha spaccato anche l'altra gamba. Un'Italia costretta a camminare sui gomiti. Siamo stati il Paese piú colpito da un punto di vista sanitario e quindi anche economico.

Capiremo nei prossimi mesi se è davvero scattato il comportamento altruista che fa ripartire il Paese. Certo è che se gli italiani riuscissero a ritrovare lo spirito e lo scatto del dopoguerra ci sono tutte le premesse per uscire da questa crisi piú forti di prima. Ma se rimaniamo inermi, basta un nonnulla a farci precipitare in una situazione di vera depressione economica. Siamo su uno di quei classici crinali definiti dalla teoria delle catastrofi: si può cadere dalla parte del peggio o dalla parte del meglio. Se non cambiasse politiche, l'Italia non morirebbe e non finirebbe umiliata come la Grecia, ma si vedrebbe costretta a seguire comunque condizioni da troika, con prospettive di sviluppo molto meno esaltanti in un Paese senza controllo del proprio destino e in regime di rigorosissima austerity fino a quando non sia riuscito a rientrare dal debito.

Aumenterebbero gli argomenti per chi vuole uscire dall'euro?

Non voglio nemmeno pensarci. È uno scenario folle quello dell'uscita dalla moneta unica e solo un demente può continuare a crederlo percorribile. Se ciò accadesse l'Italia diventerebbe l'Argentina, altro che svalutazione competitiva! Non lo voglio nemmeno prendere in considerazione.

Il virus avvicina l'Europa o l'allontana?

L'Europa è una forma di associazione tra concorrenti. Né piú né meno come nel caso di una fantomatica associazione dei produttori di zollette di zucchero che, non appena costituita, si concentra inevitabilmente nella lotta a chi comanda. L'Unione europea è nata da un'idea utopistica e nobile, ma rimasta inattuata: che l'unione politica sarebbe seguita all'unione economica. Cosa non avvenuta. Perché non c'è stato quel trasferimento di sovranità che porterebbe agli Stati Uniti d'Europa. L'unico modo per arrivarci però sarà farlo in concomitanza con le grandi crisi e con l'eccezionalità dei comportamenti che mette in campo.

Se l'Unione gioca bene le sue carte prenderà potere. In caso contrario resterà una *never ending story* e il lunghissimo travaglio della Ue è pessimo per l'Europa perché cresciamo meno degli altri, abbiamo problemi di recessione demografica e innoviamo meno dei nostri blocchi concorrenti. E, cosa che è peggio, in questo contesto l'Italia è il fanalino di coda. Da qui la nostra debolezza negoziale in questa Unione che è associazione tra concorrenti. Possiamo solo fare appello agli interessi comuni partendo dall'idea che l'Italia *è too big to fail* e quindi lavorare insieme per limitare i danni che l'Italia potrebbe creare a tutto il sistema se non superasse la crisi. È l'unica chiave negoziabile, l'unica.

I nostri detrattori lo considerano un ricatto: ad esempio, gli editoriali della «Frankfurter Allgemeine Zeitung» cosí lo definiscono. Diciamo la verità: non sembra propriamente altruismo.

L'altruismo è una forma di egoismo intelligente, come abbiamo detto prima. È il *do ut des*. Il concetto che gli americani esprimono quando dicono «I scratch your back», vale a dire io gratto la tua schiena e, sottinteso, tu la gratti a me. Quanto alle obiezioni dei tedeschi, sono lineari: il problema è la sostenibilità del debito pubblico. L'Italia deve fare le riforme che non ha fatto finora in modo da creare una situazione di crescita del 2% e smaltire almeno l'1,5% di debito/Pil all'anno. O lo fa la politica spontaneamente o bisognerebbe ottenerlo a furor di popolo. E questo i tedeschi lo percepiscono bene. Del resto l'Europa non accetta le argomentazioni del «volemose bene». Non c'è un problema filosofico-reputazionale, ma è aritmetico: o ci sono flussi che consentano di pagare gli interessi o si va al default. O si creano le condizioni per la crescita o nel lungo periodo il debito diventerà insostenibile e allora non ci potremo lamentare se avremo la troika in casa. I soldi ci sono. Abbiamo 1.400 miliardi fermi nei conti correnti, possono essere convogliati per finanziare investimenti e crescita.

Pensa a una patrimoniale? O a forme di investimento che facciano sempre riferimento all'altruismo?

L'Italia è Paese di contrasti e ha nella sua storia molti esperimenti di altruismo economico, basti pensare ai distretti industriali o alle forme di cooperazione o ai consorzi (l'Italia ha la piú grande presenza mondiale), altrettanti bozzoli protettivi per le imprese che le hanno incentivate però a restare piccole, pur garantendone la capacità di resilienza. Era un sistema molto forte negli anni '90, poi si è indebolito, ma resta un bastione della nostra struttura industriale. È un unicum tra i 10 Paesi piú industrializzati: tutto nasce *bottom up*, dal basso, al contrario di quanto avviene normalmente laddove si parte dallo Stato e dalle normative create per attrarre investimenti. Per storia antica l'Italia parte dai territori dove si concentrano i fattori produttivi e dove le imprese si organizzano in forme di cooperazione per ridurre i costi di accesso alle risorse e per aumentare la loro capacità di competere. Pochi ricordano che quel modello ispirò anche la nascita della Silicon Valley negli Usa. Era un luogo di estrema povertà e la Stanford University per non portare l'intera area (e sé stessa) al fallimento organizzò un grande studio per individuare direttrici di sviluppo e lo fece mutuando proprio la struttura dei distretti italiani che allora erano 191. I distretti di oggi, le cooperative e i consorzi sono ciò che resta del modello economico implicito degli anni '90 quello che Claudio Demattè definiva delle imprese povere e delle famiglie ricche. Dove l'imprenditore poteva contare su un interlocutore bancario locale che garantiva il credito in una relazione di vicinanza a tratti collusiva. Il resto lo facevano le svalutazioni competitive, il capitalismo di relazione con le partecipazioni incrociate propiziate da Mediobanca, gli aiuti di Stato. Ma tutto questo è sparito, spazzato via. Restano i distretti anche se depotenziati. Il Nobel Michael Spence che vive a Milano e li conosce bene teorizza ancora adesso che distretti e reti d'impresa sono la vera forza economica dell'Italia e andrebbero ancor piú rivitalizzati rendendoli piú aperti e puntando tutto sulla digitalizzazione. È un ottimo driver di sviluppo in questa fase di post-pandemia. L'Italia oscilla da sempre tra forme esasperate di individualismo e forme eccellenti di altruismo. Ora è il momento di esercitare la forma piú evoluta di altruismo, vale a dire prendersi cura dell'interesse generale. Soprattutto è il tempo di fare le riforme, tutte le riforme che non abbiamo fatto finora.

Lei pensa a quelle istituzionali o a riforme economiche?

Penso a quelle istituzionali. Secondo me avrebbe senso anche tornare a una sorta di nuova Assemblea costituente. E la prima di tutte è la riforma della giustizia. Certezza del diritto e certezza dei tempi dei processi stabiliti per legge tramite il controllo delle performance dei giudici, sia come produttività, sia come professionalità. È il primo passo per snellire la burocrazia e dare fiducia agli investitori.

La seconda riforma è il disboscamento delle leggi che oggi sono 27mila. Abbiamo avuto 66 governi in 74 anni di storia della Repubblica e ad ogni nuovo governo cambiano le politiche e le leggi senza tenere conto del patrimonio legislativo pre-esistente. Si è creata cosí la ben nota stratificazione di norme anche contraddittorie tra loro. Basterebbe istituire una commissione (che riporti al premier) di verifica delle congruenze delle nuove leggi rispetto a quelle pregresse. Una soluzione semplice.

Naturalmente serve anche la riforma della pubblica amministrazione che abbia come obiettivo soprattutto la riduzione dei tempi di autorizzazione portandoli nella media europea. Andrebbe ridotto il numero degli enti coinvolti nei processi e concessa molta piú sussidiarietà al privato.

Anche l'istruzione dovrebbe essere riformata radicalmente: siamo indietro, troppo indietro, quanto a incapacità di avere laureati e tecnici nelle materie Stem che sono il cuore dei cosiddetti *new jobs* legati a innovazione e digitalizzazione dell'economia. Fare queste riforme significa togliere il freno a mano all'economia.

Renderebbe il Paese piú competitivo, ma sarebbe sufficiente ad attrarre gli investimenti?

Il passo successivo sarebbe la riforma fiscale proprio destinata a favorire gli investimenti produttivi e non solo le rendite finanziarie. In Italia, a causa dell'alto debito pubblico, abbiamo ancora una tassazione agevolata sugli investimenti finanziari e non su quelli in fattori produttivi. È un errore e questo orientamento deve cambiare, tanto piú adesso che siamo in una logica di ricostruzione radicale del Paese.

Proprio per questo si parla anche di una nuova Iri, proprio come nel dopoguerra, per organizzare una presenza pubblica nell'economia a cominciare dagli investimenti. Che ne dice?

Dico che per rifare il Paese servono i capitali privati e che in genere i veri fondi per lo sviluppo vengono dai capitali privati. L'Iri sarebbe lo strumento per una politica cosiddetta keynesiana: intervento dello Stato per innescare la crescita economica. Se lo Stato entra nel capitale delle imprese per periodi molto limitati al fine di evitare i default e risanare le aziende forse si può fare, per salvare gli investimenti e l'occupazione. Però penso all'esempio del Monte dei Paschi di Siena non a quello di Alitalia per essere chiari. I capitali poi potrebbero anche essere misti pubblico-privati. Non serve una nuova Iri. C'è già la Cassa depositi e prestiti che ha anche creato il Fondo strategico italiano, poi aperto ai fondi sovrani. Non abbiamo bisogno di nuovi soggetti. Non bisogna dimenticare che già adesso esistono settori dove lo Stato è prevalente, ma troppo spesso significa limitazione del mercato e della concorrenza, perdita di competitività. Insomma, sono contrario a una nuova Iri perché significherebbe ampliare l'area di queste distorsioni.

Restando agli investimenti, da dove deve partire la vera riscossa del Paese?

La strategia-Paese dell'Italia deve essere quella di portare gioia nel mondo con lo stile di vita italiano. L'idea dell'amicizia che ha fatto la fortuna dell'impero di Facebook che cosa è se non una ispirazione di stampo italiano? Per giunta fatta da chi non ha un retroterra come il nostro. Dobbiamo continuare a puntare su benessere, creatività, cultura, estetica e natura: sono i 5 fattori che nutrono lo stile di vita italiano riconosciuto nel mondo. Sono 21 i settori dove siamo e possiamo continuare a essere competitivi su scala globale. Quelli del cosiddetto saper fare che dà vita al bello, buono e ben fatto. Penso alla sanità, al benessere, all'alimentare, al design e alla moda, ma anche all'industria del mobile e allo sport, solo per citarne alcuni. E sono tanti. Valgono un giro d'affari di 6mila miliardi. Siamo leader mondiali in tema di creatività, ingegno e saper fare e siamo rimasti competitivi nonostante il famoso freno a mano tirato che ha bloccato finora l'economia. Potremmo arrivare a un aumento delle esportazioni di 100-150 miliardi che, sommati ai 50 miliardi che sarebbero necessari per dare vita a un piano-Paese degno di questo nome potrebbero portare a una crescita vicina al 2% all'anno, suddivisa in 7 anni. Ciò potrebbe creare 1,5 milioni di posti di lavoro e portare la produttività ai livelli della media Ue.

Dunque, cosa dovrebbe fare la politica economica per rilanciare questi settori?

Aiutarli nella svolta sostenibile e digitale. Senza dare luogo a provvedimenti di settore (perché l'incentivo deve restare orizzontale e valido per tutti) le misure di politica fiscale o di politica industriale devono aumentare la massa di incentivi nel tempo piú breve possibile. Penso ad esempio ai fondi destinati al *green new deal* che sono distribuiti su 20 anni e invece dovrebbero essere concentrati in un quinquennio. Penso ai 50 miliardi di investimenti privati di cui abbiamo detto poco fa. Abbiamo saperi, abbiamo capitali, abbiamo idee. Mancano le riforme. Se verranno chieste a furor di popolo, l'Italia sarà in grado di smaltire anche il debito aggiuntivo creato per far fronte alla pandemia. E lo farà nel giro di 5-6 anni e in 25 anni il debito tornerà al livello del 100% del Pil, livello piú che gestibile.

Tra i piú colpiti ci sono proprio alcuni dei settori del bello e benfatto: turismo, ben-essere, eventi, cultura...

I virus durano 18-24 mesi. Magari il coronavirus durerà ancora nel 2021 con qualche strascico nel '22, ma arriverà anche il vaccino e allora la pandemia sarà cosa passata. E anzi, ci sentiremo piú sicuri di prima e non ho dubbi che dal prossimo anno torneremo alla nuova normalità, fatta di nuovo di visite ai musei e alle mostre, di cene ai ristoranti, di concerti e cinema. Il virus passerà. Resteranno gli investimenti fatti per sanificare gli ambienti e ci faranno sentire sempre piú al sicuro.

L'Italia, l'Europa, il mondo hanno cercato risposte alla pandemia. Forse è stata la prima volta che si è cercato di organizzare uno sforzo corale. Che idea ne ha tratto?

Questo del coronavirus è stato il piú grande buco di governance globale che si potesse immaginare. Abbiamo piani di *risk management* per gli incendi, per la pirateria informatica, per incidenti nucleari. Insomma, per qualsiasi cosa. Ma non abbiamo piani seri di gestione delle pandemie: ci sono stati 12mila virus dal 1980 e hanno colpito 44 milioni di persone e non abbiamo predisposto un piano che obblighi a tenere mascherine in una sorta di armadio dell'emergenza, come quelli dove sono custoditi gli idranti o le cassette di pronto soccorso? Possibile che non abbiamo investito in ventilatori polmonari? Che non abbiamo predisposto la messa a punto di procedure di comportamento da insegnare per tempo ai cittadini?

La vicenda del Covid-19 ha mostrato la grande confusione istituzionale nella gestione del tema salute: innanzitutto la debolezza dell'Organizzazione mondiale della sanità, poi l'ambiguità dei poteri conferiti all'Unione europea cui si chiedono risposte senza attribuirle capacità normativa, infine il vero e proprio conflitto istituzionale in Italia tra potere centrale e autonomie regionali che ha aumentato l'idea di caos. Passata l'emergenza, bisognerà rivedere tutto.

Superato lo sbandamento istituzionale, cosa resterà dell'esperienza coronavirus?

Credo che resteranno investimenti in tema di sicurezza sanitaria destinati a durare, cosí come lo sono stati quelli in sicurezza dopo gli attentati alle Torri gemelle. È partito un ciclo mondiale di investimenti che ha modificato i nostri comportamenti in modo definitivo. E cosí sarà anche dopo la pandemia da coronavirus.

Sostenibilità è diventata parola ricorrente dopo la pandemia. È in atto una svolta vera? Come va agevolata la conversione al «green new deal»?

È diventata convinzione comune che la pandemia e il riscaldamento globale siano frutto degli stessi enormi squilibri creati dall'uomo in questa era chiamata «antropocene», aggravati nell'ultima fase guidata dalla rivoluzione industriale negli ultimi 170 anni. Ora la madre di tutti gli obiettivi è la decarbonizzazione. Ridurre i gas serra a zero come fissato nella conferenza sul clima del 2015 entro il 2050. La road map prevedeva il picco massimo nel 2020 che raggiungeremo, grazie al rallentamento imposto dal virus. Poi il progressivo calo fino al completo abbattimento nel 2050. Tutto questo significa innanzitutto cambiare tecnologie e ridurre le emissioni. Nel contempo si aumenta l'efficienza energetica con risparmi enormi. Ebbene: le tecnologie ci sono, basta investire.

Noi potremmo già adesso consumare un decimo, a parità di prestazioni, a livello planetario. Il secondo passo è investire con decisione sulle rinnovabili. L'Italia ha un vantaggio competitivo su entrambi i fronti. Siamo tra i piú grandi produttori di componentistica auto e possiamo contribuire, con inventiva, alla diffusione del motore elettrico e siamo forti nell'energia con le partecipate pubbliche dove la svolta rinnovabile è già in atto. Il clou è il sole. E teniamo conto che il costo residuale dell'energia prodotta dai pannelli solari è zero, come per le fibre ottiche e come per il digitale, perché non c'è costo di trasmissione. E per avere il sole devi essere a sud, cosa che configura un vantaggio geografico per l'Italia. Abbiamo un'opportunità gigantesca per la creazione di parchi solari ad alta intensità in grado di alimentare anche il fabbisogno europeo. Senza contare che l'Italia ha una posizione di privilegio anche per quanto riguarda il gas attraverso l'articolazione delle pipeline. Ma anche nel biogas che porta alle produzioni di idrogeno. Si tratta di scenari energetici in cui l'Italia mantiene la sua posizione privilegiata perché piú vicina alle fonti della nuova energia sostenibile. Che si somma alla vicinanza al Nord Africa, che è un altro vantaggio competitivo.

Basta immaginare che tutte le aziende investano in isolamento termico, cambino sistemi di illuminazione e di riscaldamento, convertano i loro motori. Insomma, si mobiliterebbe una quantità di investimenti colossali e si arriverebbe all'obiettivo di abbattere i consumi. Se l'Italia (e anche la Spagna con potenziale anche superiore) avesse una politica aggressiva in tema di rinnovabili potrebbe fare cose straordinarie.

Il suo gruppo ha completato la decarbonizzazione?

Siamo al 100% affidati a energia rinnovabile, con 1,6 ettari di parco solare realizzato sui tetti dei magazzini e acquisti di energia solo da fonti al 100% rinnovabili. Ovviamente abbiamo investito e facciamo innovazione continuamente. Un esempio? Riconvertiamo i fumi della tostatura del caffè per fare aria condizionata e per produrre acqua calda. Progettiamo imballaggi riciclabili e gestibili in un'ottica di economia circolare. Per noi la sostenibilità è ambientale, economica e sociale. Quanto all'ambiente la nostra strategia è: non inquinare, non sprecare e puntare tutto su risorse rinnovabili. Paghiamo i nostri produttori il 30% in piú perché continuino ad aumentare la qualità delle loro produzioni e perché possano a loro volta investire in sostenibilità. Vogliamo arrivare con 17 anni di anticipo rispetto all'accordo di Parigi all'obiettivo di essere *carbon free* in modo circolare. Sarà il nostro centenario e diventerà una data ancora piú importante. Abbiamo lanciato due piantagioni sperimentali in Guatemala ed Etiopia dove applichiamo i principi della *virtuous agricolture*, agricoltura circolare in base alla quale arricchendo il terreno di biomasse si sequestra la CO_2 dall'atmosfera e si garantisce l'aumento della biodiversità. Conoscenza, cultura e saper fare, invece, sono il cuore delle politiche di sostenibilità sociale realizzate attraverso la crescita personale. Per questo abbiamo creato l'Università del caffè, unica al mondo che in 20 anni ha coinvolto 200mila persone, dove si segue anche un master in Coffee economy and science ormai giunto alla sua decima edizione.

Lei piú volte ha fatto riferimento a un piano strategico per l'Italia affrontando ciò che andrebbe fatto come se il Paese fosse una grande azienda. Resta valida questa ipotesi? Con quali obiettivi?

È da oltre un anno che propongo di scrivere un piano strategico per l'Italia che abbia come obiettivo soprattutto il recupero della credibilità internazionale. È il primo punto per far ripartire il Paese. Bisogna innanzitutto definire la strategia competitiva dell'Italia: cosa offre? A chi? Quanto vale il mercato in cui compete? Come si differenzia rispetto ad altri Paesi? Chi sono i suoi concorrenti? Qual è il suo vantaggio competitivo? Come lo sostiene? E per essere credibili bisogna fissare obiettivi, tempi per raggiungerli e risorse necessarie per coprire i costi e i fabbisogni; soprattutto per definire il piano di riduzione del debito pubblico. Per raggiungere tutto questo è necessario organizzare un sistema di ascolto capillare delle vere istanze profonde del nostro Paese. E l'operazione messa in atto con gli Stati generali spero abbia avuto questo scopo. Credo sia stato un bene organizzare quegli incontri per ascoltare tutti e solo cosí si potrà mettere a punto un piano degno di questo nome e condiviso. Questo sarebbe l'unico modo per aiutare i cittadini a tornare ad avere una vision di cosa è l'Italia e di dove potrebbe arrivare. Che è la lacuna piú grave in questo momento.

Pensiamo a Singapore e agli Emirati Arabi, luoghi di paludi e malaria che in pochi decenni sono diventati superpotenze, senza neanche possedere risorse. Sono partiti da una strategia perseguita con determinazione. Noi abbiamo solo una strategia implicita legata a un passato di storia millenaria, senza piani definiti, senza cronoprogrammi con gli obiettivi di breve e medio-lungo termine. Oggi non sappiamo quale sarà la nostra direzione nel conquistare quote di mercato, nello stabilire fabbisogni, nell'indicare mercati. I cinesi invece sí. E la Cina ha un dettagliato Piano Industry 2025 e ha detto che vuole avere l'egemonia in almeno sette settori industriali. Se raggiungeranno l'obiettivo, l'Italia verrà asfaltata. Unica possibilità per i settori strategici è organizzare una risposta europea, con una massa critica superiore, con una maggiore capacità di sfruttare conoscenze e innovazione. In quel caso potremmo anche riuscire a recuperare un vantaggio competitivo proprio sulle energie rinnovabili, dove siamo molto piú avanti rispetto alla Cina che è la piú arretrata negli obiettivi di decarbonizzazione. Questo è ciò che intendo per piano strategico, l'unico che può farci uscire dal gorgo perverso in cui è finita la nostra economia. Deve avere obiettivi, forme di controllo intermedie per correggere la rotta se si sbaglia e tre componenti virtuose: riforme, capitali, investimenti. Un piano fatto in modo inclusivo, sentiti tutti gli stakeholder e i territori, può portare a 70 miliardi di investimenti mobilitabili subito, sia con il denaro dei cittadini, sia attraendo capitali e investimenti esteri.

Per ora un tratto molto evidente del piano strategico del governo è una moltiplicazione delle forme di sussidio e di assistenzialismo. È la strada giusta?

Se c'è una cosa buona nell'Unione europea sono i fondi strutturali, ingenti risorse pubbliche da spendere per favorire lo sviluppo e l'occupazione soprattutto nelle aree piú svantaggiate. Bene, il Sud li riceve ma non spende quei fondi. Non riesce a mobilitare i progetti, non ci sono interlocutori. Sta di fatto che quella montagna di denaro pubblico non viene utilizzata. Ma l'Italia invece che aumentare la capacità di creare occasioni di sviluppo usando i fondi europei, continua a concentrarsi su forme di assistenzialismo come il reddito di cittadinanza. Questo non è accettabile, soprattutto perché è legato all'idea di elargire denari pubblici in cambio di voti. Detto questo, è inevitabile che debba esistere una forma di sussidio per chi non ha altri mezzi. Ma è una misura circoscritta e va abbinata a una forma di massima severità verso chi ne abusa. Comunque, in termini di priorità deve essere subordinata allo sforzo da compiere per lo sviluppo economico delle aree piú disagiate.

Che ne pensa della classe politica?

Perché devo avere la patente per guidare un motorino e non se intendo guidare un Paese? In alcuni Paesi devi dimostrare di avere una forma di indipedenza economica o in altri devi accettare di stare in politica solo per periodi limitati. Ma sono gli italiani che accettano la situazione di una politica non all'altezza e non dimostrano vero interesse per le questioni di interesse nazionale, per il bene comune. Occorre maggiore coinvolgimento a livello civico.

Gli imprenditori secondo lei sono pronti alla svolta dell'altruismo?

È inevitabile fare appello all'altruismo degli imprenditori. Due terzi dell'economia sono privati: Pil, gettito fiscale, occupazione, innovazione. Lo Stato spende un terzo del Pil per creare le condizioni affinché i privati facciano la loro parte. Se vogliamo migliorare l'economia e la società o le condizioni del Paese, dobbiamo migliorare le nostre aziende. Qui abbiamo un problema di cultura. E dobbiamo affidarci al senso di responsabilità degli imprenditori per risolverlo. Purtroppo, in Italia è prevalente il modello dell'impresa padronale. L'impresa come regno personale dove la governance prevede scarso ricorso ai manager e nessuna apertura del capitale. Un enorme ostacolo alla crescita perché prevale una mentalità di corto respiro. Questo deve cambiare e la riforma fiscale deve incentivare, anzi superincentivare il cambiamento e la crescita delle imprese. Se hai dividendi paghi 100 al fisco, se li reinvesti paghi 50; se fai fusioni hai un bonus; se apri il capitale niente aliquote esorbitanti sui capital gain. Questa svolta alla fine diventa conveniente per l'imprenditore e, quindi, per la cittadinanza.

Ma sono già state fatte riforme fiscali di quel tipo.

Con poche risorse perché distribuite con la politica dell'innaffiatoio. Poche risorse per tanti obiettivi poco efficaci. È come dire: ti aiuto a fare un viaggio e ti do 10 litri di benzina. L'Ace, l'aiuto alla crescita economica, ad esempio, era insignificante. Cosí come il bonus per incentivare la quotazione. Molto meglio la vecchia *dual income tax*. Quello che manca è la chiarezza strategica di porre come priorità la crescita delle imprese che, in media in Italia, sono ancora sottocapitalizzate. Allora bisogna investire molte risorse per creare gli incentivi fiscali adatti, tanto piú dopo i danni creati dalla pandemia. Bisogna mettere in campo una massa critica utile a indurre l'imprenditore italiano, che storicamente tende ad aspettare la carota dell'incentivo, a puntare davvero su quell'obiettivo.

Il modello capitalista è in fase di ripensamento etico. Anche autocritico. Lei da capitalista che missione si è dato?

Credo nel modello della *stakeholder company*, dove confluiscono gli interessi diversi dell'impresa, e non in quello della *shareholder company* dove l'azionista è il solo punto di riferimento. Quest'ultimo è il modello americano che ha portato al cosiddetto «shortermismo», vale a dire alla prevalenza delle visioni di breve o brevissimo periodo cui ancorare i risultati, i dividendi e le modalità di remunerazione dei manager. Cosa che porta a spolpare le aziende di qualsiasi risorsa che possa essere orientata al lungo termine e alla sostenibilità, quindi agli investimenti piú preziosi.

A mio parere è un modello deleterio. Non bisogna confondere prezzi con costi. Se produco un bene a un prezzo di 100, ma con costi reali a 120, di cui 40 nascosti, il 20% del margine apparente (dato dalla differenza tra il 100 del prezzo e gli 80 di costi visibili) è in realtà solo metà del costo del futuro ed è quello che noi oggi paghiamo con il cambiamento climatico e l'insostenibilità finanziaria legata alle bolle speculative. Il modello della massimizzazione del profitto a breve per l'azionista è nefasto. E si sapeva da tempo. La *stakeholder company* dice che i portatori di interessi sono tutti coloro che hanno un legame con l'impresa. Il nostro modello è: i clienti al primo posto, i collaboratori, i fornitori, la comunità, l'azionista che reinveste il profitto al servizio dell'impresa. Il profitto è il mezzo per continuare a investire per avere la sopravvivenza dell'impresa nel tempo. Soddisfare bisogni di breve periodo, senza compromettere il lungo periodo significa sostenibilità: economica, sociale, ambientale. Il padre della teoria manageriale Peter Drucker lo scriveva già a metà anni '70. E in Italia la Olivetti ha fatto scuola nel mondo con questo approccio. L'impresa responsabile crea benessere a tutto campo per la società in termini di consumo, salute, felicità e progresso. Mi ha sbalordito la reazione scomposta, disinformata e ignorante della stampa internazionale contro questo modello, quando la Business Roundtable ha dichiarato che l'impresa ha la necessità di avere uno scopo al di là dei profitti. C'è stata subito una levata di scudi per denunciare il presunto venir meno del principio dell'*accountability*, perché si sarebbero persi gli indicatori cui ancorare l'efficienza degli amministratori. Naturalmente anche nel modello di impresa sostenibile ci sono indicatori, eccome. C'è quello per il *carbon footprint* per l'ambiente, quello di sviluppo sociale, oltre naturalmente ai bilanci, e l'amministratore deve essere responsabile di tutto, in un approccio olistico dell'impresa.

Stakeholder significa che tutti sono partecipi dell'impresa. Una responsabilità alla pari tra azionisti, management e lavoratori ad esempio. Viene in mente lord Beveridge: il profitto è un buon servitore, ma non deve mai essere il padrone.

Certo, questo approccio mette gli stakeholder sullo stesso piano di allineamento culturale. Non c'è il noi e il loro, proprio di un certo modo di fare impresa e di un certo modo di immaginare una sorta di lotta di classe. L'impresa è una istituzione sociale che ha la finalità di creare benessere per la società. Ma ciò non significa iper-concertazione o cogestione. Non ci deve essere confusione di ruoli: chi prende il rischio d'impresa è l'imprenditore ed è giusto che gli venga riconosciuto questo ruolo e questa responsabilità.

La cultura prevalente e diffusa segnala forti atteggiamenti anti-industriali e anti-impresa. Spesso l'imprenditore diventa prenditore. Siamo lontani dal racconto della «stakeholder company».

Nella comunicazione la regola è che quanto viene percepito è la verità. Se la percezione sociale è sbagliata allora bisogna comunicare meglio ai cittadini chi siamo, cosa facciamo e come lo facciamo. Che l'impresa crea occupazione, porta risorse al fisco, investe e contribuisce allo sviluppo dei territori e alla crescita del senso civico comune. Se invece la percezione di chi ci vede come «prenditori» è giusta, allora è chiaro che bisogna correggersi. Se agisco come se pensassi continuamente alle prossime generazioni, sono certo che il messaggio arrivi anche alla popolazione. E spiegare chi siamo è uno dei compiti principali delle nostre associazioni. Per il resto chi ha inventato il concetto della *corporate strategy*, Michael Porter, a una lezione a Harvard a cui ho partecipato, ha dichiarato di essere pentito di avere ideato la teoria della *shareholder value* che ha portato le aziende a essere egoiste e orientate solo al profitto del breve termine. Dopo la crisi della Enron ha coniato la teoria della *shared value* pubblicata sulla «Harvard Business Review» del gennaio 2011. Ed è la svolta di cui dicevamo poco fa. Quello che scriveva Porter in quell'articolo è quello che la Business Roundtable, dove siedono i principali capi d'azienda della Corporate America di Wall Street, ha giustamente riproposto lo scorso anno con la cosiddetta svolta etica che mette in discussione il predominio degli azionisti nel ruolo dell'impresa.

Le distorsioni percettive sull'impresa derivano anche dal fatto che alcune spostano le sedi fuori dall'Italia in Paesi, anche europei, dove è piú forte la convenienza fiscale.

Un conto è avere la sede in Paesi come l'Olanda e un conto è, come accade a illycaffè, avere succursali commerciali in quello come in altri Paesi. Fare di tutt'erba un fascio è sbagliato. Ma in ogni caso anche chi sposta la sede in un Paese europeo dove il fisco è meno pesante non compie un reato. Il problema è dell'Europa o dell'Italia che non è in grado di comportarsi fiscalmente come l'Olanda. Chi sceglie di spostare la sede lo fa per ragioni di competitività, perché è proiettato sui mercati internazionali, e se non lo facesse la sua azienda non potrebbe competere ad armi pari con i suoi concorrenti, perdendo valore a detrimento di tutti gli stakeholder e dell'Italia intera.

Emma Marcegaglia

«Education» prima emergenza

Emma Marcegaglia è amministratore delegato e consigliere, con il fratello Antonio, dell'azienda siderurgica di famiglia fondata dal padre Steno. Dal 2014 al maggio del 2020 è stata presidente dell'Eni. Prima donna presidente di Confindustria dal 2008 al 2012 è stata anche la prima donna a guidare gli industriali europei di Business Europe cosí come i giovani imprenditori europei di Yes for Europe. In precedenza aveva ricoperto la carica di presidente dei Giovani industriali di Confindustria dal 1996 al 2000. Per 9 anni è stata anche presidente dell'università Luiss.

È la stagione del rilancio, della recovery europea. La politica può permettersi la retorica del «saremo migliori». L'economia no. La glaciazione delle produzioni ha creato una voragine nel prodotto interno lordo. Ora deve scendere in campo la stagione degli investimenti. Le risorse ci sono, le idee forse non sono chiare. Quali sono le priorità secondo lei?

Purtroppo, non dobbiamo dimenticare che anche prima della pandemia gli investimenti erano al palo e l'Italia era l'unico Paese a non essere ancora uscito dalla crisi del 2008 in termini di recupero di Pil. Il grosso delle misure intraprese dal governo è stato tutto orientato a una risposta di sussistenza, con i cosiddetti provvedimenti sulla liquidità. E in una fase emergenziale è anche inevitabile. Ciò che, però, diventa importante nel dopo-pandemia è dare una vera missione all'Italia con un piano ambizioso e globale. In modo da cercare – e non sembri un paradosso – tutte le possibili opportunità legate alla gestione di questa crisi. E la prima è quella di investire in modo massiccio in istruzione. *Education*, per dirla all'inglese. E significa dare una nuova prospettiva formativa ai nostri giovani che, tra l'altro, avranno perso di fatto un anno di scuola. L'uscita dalla pandemia ci deve portare a rivedere il sistema formativo in modo radicale. E non penso solo all'uso delle tecnologie per la didattica a distanza che sono una novità da considerare. Penso alla ridefinizione delle materie di studio, a un approccio piú flessibile e multidisciplinare che non porti alla separazione dei saperi, che è una sciocchezza. Serve un sistema di istruzione e formazione che aumenti la capacità di adattamento e di risposta dei nostri giovani. Che altrimenti pagheranno ancora di piú il gap di competitività che ha il nostro modello di *education* rispetto a quello dei Paesi dei loro coetanei. Il tratto distintivo di questa nostra epoca è l'incertezza. E non solo per la sensazione di impotenza che la pandemia ha portato al mondo intero. L'incertezza è ormai un tratto culturale pervasivo e lo era anche prima del virus; le tecnologie cambiano con velocità sempre crescenti, le priorità si modificano, la stessa configurazione del mondo cambia in continuazione. Bisogna rendere i nostri ragazzi sempre piú attrezzati per questa persistente domanda di resilienza. Multidisciplinarietà deve diventare la parola chiave. E secondo me l'*education* è la priorità delle priorità nella nuova stagione di investimenti. Anche se so bene che in genere si dice che occorrono gli investimenti, le grandi opere *et similia*.

Quindi, non pensa a qualcosa di tangibile, di fisico, come le infrastrutture, i fondi ai settori di punta del made in Italy, al «green new deal»?

Certo che le infrastrutture contano e penso alle reti innanzitutto. Certo che occorre organizzare una riconfigurazione industriale verso la sostenibilità. Ma credo che la formazione e l'istruzione siano il vero valore aggiunto che questo nostro Paese non ha ancora saputo creare. Quanto agli incentivi, penso non si debbano immaginare per singoli settori, pur senza escludere che ci possano essere alcune priorità. Ma credo sia meglio predisporre misure orizzontali, valide per tutte le imprese, per aiutarle a fare dei salti di qualità, come è stato ad esempio il programma Industria 4.0, prima osteggiato, poi recuperato, poi di nuovo abbandonato dal governo Conte e infine, forse, nuovamente recuperato. Servono investimenti in tecnologie digitali e in robotica per far crescere le imprese della manifattura italiana. E serve una chiarezza di indirizzo strategico su questioni tanto rilevanti per il futuro della nostra manifattura.

A proposito di chiarezza. Aprire al 5G rischia di creare problemi di equilibrio geopolitico.

Il 5G è essenziale. Guai a seguire la disinformazione anti-tecnologica che vedo spesso in rete. È decisivo per il miglioramento della nostra quotidianità di cittadini, ma è soprattutto uno strumento formidabile per migliorare la gestione dell'impresa quanto a velocità di elaborazione dei dati e a possibilità di rendere ottimali i rapporti con collaboratori e fornitori e a migliorare la sicurezza e le stesse modalità lavorative. E lo dico ben sapendo quali vantaggi gestionali porta anche in un'azienda come la mia che di solito viene qualificata come tradizionale. È chiaro come vi siano aspetti di particolare delicatezza geopolitica. Ma credo nella cooperazione internazionale che, soprattutto in tema di tecnologia e di politica industriale, è decisiva. Per il resto, credo che abbia ragione Ursula von der Leyen a chiedere all'Europa uno sforzo comune su questo settore per evitare all'Unione di essere soltanto spettatrice o peggio un punching ball stretto nella guerra tra Usa e Cina.

Torniamo agli investimenti. Ora il nuovo slogan è: facciamo come per il ponte di Genova dovunque sia possibile. E si pensa soprattutto a investimenti piccoli o di taglia media. È la strada giusta?

Certo, servono anche quelli, ma non bisogna farne un obiettivo fideistico. Serve un piano-Paese razionale che comprenda gli investimenti in grandi opere oltre a progetti di media o piccola caratura con la finalità di dare piú competitività all'intero Paese. L'importante è avere come obiettivo la crescita dell'Italia. Ora, l'idea di esportare ovunque il modello Genova rischia di creare anche aspettative falsate. È giusto perseguire la strada della semplificazione e della riduzione degli asfissianti passaggi autorizzativi, ma aprire cantieri per aprire cantieri, senza un progetto integrato che guardi al lungo periodo, magari crea occupazione per qualche mese, ma non fa fare al Paese il salto di qualità che garantisce il lavoro di nuova generazione a lungo termine. Vedremo se l'esito degli Stati generali e del Piano Colao si tradurrà in un vero piano-Paese operativo. Ciò che non va fatto è gestire la partita degli investimenti nella logica del sussidio o della sussistenza. O peggio.

Si riferisce al ritorno della presenza dello Stato nell'economia?

Al tema degli investimenti ormai fa pendant il tema dell'intermediazione. Ogni misura decisa dal governo come forma di incentivazione prevede un filtro politico, un controllo e, diciamo la verità, una interferenza. Avremo a disposizione una quantità di denaro come mai prima. Il rischio che diventi una colossale operazione di clientelismo non è da escludere e naturalmente sarebbe una tragedia. Invece, dovremmo partire dal fatto che, per la prima volta, tutti i Paesi d'Europa avranno avuto conseguenze simili dalla pandemia nelle dinamiche del Pil e delle produzioni. Il coronavirus ha livellato Nord e Sud, Est e Ovest senza grandi distinzioni. Le esigenze di ripartenza sono quindi comuni. E non a caso, per la prima volta l'Unione europea e la Bce hanno cambiato direzione in modo rapido e sostanziale. L'Europa ha fatto passi da gigante e con una velocità inimmaginabile, dalla sospensione dei vincoli sul deficit all'allargamento del limite per gli aiuti di Stato fino allo sforzo con il recovery fund, il Piano Sure e il programma di investimenti Bei (Banca europea per gli investimenti).

A proposito di mercato, lei crede che il futuro possa essere giocato dai cosiddetti campioni europei nei settori strategici?

Il tema è delicato. Non va affrontato con schemi ideologici. In apparenza verrebbe da dire che è un bene immaginare player sempre piú grandi e sempre piú globali, dato che il mondo ormai è diventato il nuovo cortile di casa. Ma non è cosí: se saltano i limiti antitrust e i vincoli agli aiuti di Stato, l'Europa, alla lunga, rinuncia al mercato unico. Serve equilibrio improntato a pragmatismo, non dogmi. Non mi sento di dire che ciò che fa l'Antitrust europeo non sia giusto. L'Italia ha poche carte da giocare su questo tavolo, in Europa solo i tedeschi sono in grado di creare imprese di stazza planetaria.

Ma quali saranno i veri nuovi confini del mercato nel post-pandemia? Le imprese, penso a Business Europe, sono piú avanti della politica?

Le Confindustrie europee hanno pesi molto diversi tra loro e diversi gradi di autonomia. La Confindustria italiana è tra le piú forti e piú autonome dal governo. La discussione tra imprenditori sulla necessità di creare reti comuni, di allargare le alleanze è molto avanzata; piú difficile creare situazioni concrete che riguardino il varo di vere e proprie imprese, perché alla fine prevale la cultura della *competition*. Ma l'interlocuzione tra i mondi dell'impresa in Europa è sempre piú assidua ed efficace. Credo molto nella forza che hanno le intese tra le associazioni dei diversi Paesi come forma di pressione verso i governi e verso la stessa Unione europea. Un esempio? La Confindustria olandese si è detta da subito molto favorevole al recovery fund, in netto contrasto con l'atteggiamento del governo.

L'esperienza Eni. Parliamo sempre di investimenti. Quanto conta la scommessa ambientale per un'impresa legata al petrolio?

Eni è un'azienda del settore energia che, al contrario di molte altre di quel comparto, è rimasta industriale nel senso proprio del termine perché ha mantenuto l'intera filiera produttiva integrata, e ha messo in campo un piano di riconversione produttiva che interessa tutte le singole parti della catena del valore. Come *upstream* l'Eni conterà su gas e rinnovabili, sempre meno sul petrolio. L'intero processo produttivo è tutto gestito secondo il piano di trasformazione green basato sulle procedure di separazione e cattura della CO_2 e sull'aumento dell'economia circolare. Un piano che ha come orizzonte il 2050 e ha già raggiunto in anticipo gli obiettivi. Si tratta di una riconversione epocale per uno dei piú grandi player dell'economia del Paese. È basato su anni e anni di ricerca, su migliaia di brevetti e su un continuo investimento in tecnologie di frontiera come ad esempio quella che ricava energia dal moto ondoso. O come alcuni progetti avanzati nella ricerca della fusione nucleare su piccola scala e a freddo. Ma è chiaro che, anche in questo caso, servono indicazioni globali di contesto fondamentali per dare certezze a chi investe. E per consentire di pianificare i costi della transizione in modo inequivocabile. Penso ad esempio a un *carbon pricing* deciso a livello globale per rendere omogenee le condizioni di base per tutte le imprese impegnate nella riconversione e al contempo tra loro competitor. È chiaro che su questi temi serve l'approccio proprio della cooperazione internazionale. Che si fatica a trovare, soprattutto in questi tempi di recrudescenza della conflittualità economica tra grandi blocchi.

La guerra commerciale Usa-Cina ha sancito la morte degli organismi di mediazione e regolazione internazionali.

È vero. Ma occorre arrivare a una soluzione condivisa e su una scala che sia la piú vasta possibile. Altrimenti nessuna svolta green sarà mai credibile se in metà del mondo sarà ancora possibile produrre continuando a inquinare e ad attrarre gli investimenti di chi non ha alcuna intenzione di avere alcuna sensibilità ambientale. Certo la svolta green ha dei costi. Costi colossali. Chi li paga? Bisogna fare ricorso alla *carbon tax*? O alla *boundaries tax* per chi arriva sul nostro territorio e non rispetta i nostri standard produttivi? La ricerca della sostenibilità non può che essere un processo industriale di trasformazione graduale. Non servono toni apocalittici e crociate anti-industriali in nome del *green new deal* o della salvaguardia del pianeta.

Pensa a Greta?

Anche, ma soprattutto a chi la strumentalizza. Il merito di quella ragazza è aver portato all'attenzione del mondo un tema importante per noi e per le generazioni future. Ma ha usato e usa toni apocalittici che non aiutano a risolvere i problemi di settori complessi.

Però anche la finanza sembra persuasa che la svolta verde è diventata un business. Il fondo americano BlackRock ha addirittura stilato una lista di proscrizione di 244 colossi globali che fanno troppo poco per investire in sostenibilità.

Vero, e all'ultimo meeting di Davos questo è emerso con una certa evidenza.

È una nuova moda?

Può anche darsi che per alcuni sia un fatto legato alla convenienza di seguire, in modo superficiale, le correnti di pensiero mainstream in questo momento. Ma è indubbio che la finanza stia orientando i propri investimenti su imprese che abbiano certificazioni Esg (Environmental Social Governance) ottimali. Ma a volte tende a non considerare tutti gli aspetti legati ai complessi piani di riconversione industriale.

Ricordo bene a Davos quando il Ceo di Glencore spiegava a quegli stessi investitori, molto sussiegosi nel pretendere una svolta green e di decarbonizzazione, che sarebbe stato ben disposto anche a fare uno spin-off delle attività inquinanti per cederlo e realizzare cosí un profitto da reinvestire in economia sostenibile. Tuttavia – spiegava – era anche ben consapevole che i compratori sarebbero stati o cinesi o arabi, che avrebbero aggiunto quelle attività alle altre già inquinanti e ne avrebbero moltiplicato gli effetti con buona pace del risultato finale per il mondo intero. Insomma, la conclusione era che la pressione messa dalla finanza per far riconvertire le produzioni, rischiava di sortire l'effetto contrario.

Ciò che serve è un approccio di lungo periodo e non a caso si parla di *transition bond*. Ora il problema è cosa ci ha lasciato la pandemia. Innanzitutto, un taglio diffuso proprio degli investimenti, inevitabile, vista la crisi devastante che ha bloccato domanda e offerta contemporaneamente. E poi il paradosso del prezzo del greggio che va in negativo in un mondo che si ritrova un eccesso di offerta e sconta le tensioni geopolitiche tra Russia e Arabia Saudita. Un fatto che naturalmente riduce e di molto la convenienza a spostare gli investimenti sulla svolta sostenibile. Tanto piú che, per le imprese, torna il motto «cash is king», e si guarda ormai alla semplice sopravvivenza, semestre dopo semestre. Ma le aziende con visione dovranno comunque continuare questo processo. Un'ultima osservazione: anche nel post-Covid la finanza non potrà non fare conto sulla visibilità dei risultati intermedi.

L'era del petrolio finirà?

Non credo. Ma credo che, come ci spiega la Iea (International Energy Agency), il consumo di greggio sia destinato a decrescere dopo il 2025 e ad appiattirsi nel decennio 2030. La domanda di energia aumenterà dell'1% l'anno fino al 2040 e oltre la metà sarà soddisfatta dalle fonti a bassa emissione di CO_2 a partire dal fotovoltaico, ma per ben un terzo rimarrà appannaggio del gas naturale liquefatto.

Il petrolio servirà per il trasporto merci a lunga distanza, per quello navale e aereo. Per le auto l'attesa è di un picco alla fine del decennio 2020, poi sarà l'era dell'elettrico, sempre che il costo delle batterie si abbassi di molto. Su questo concordano tutte le analisi prospettiche delle varie *majors*.

Ma il gas continuerà a crescere? Quanto potrà diventare un driver di rilancio per l'Italia?

Del gas non si potrà fare a meno. Naturalmente parlo del gas «pulito». Come è noto il metano produce emissioni di CO_2 inferiori del 25% rispetto alla benzina, del 16% rispetto al Gpl, del 30% rispetto al diesel e del 70% rispetto al carbone.

Però i paladini della sostenibilità dicono che anche il gas è una fonte fossile e dunque inquinante.

C'è fonte fossile e fonte fossile. Il gas è una fonte a bassissimo inquinamento e non va confusa con il petrolio anche se, purtroppo, nella vulgata comune si fa di tutt'erba un fascio. E poi senza il gas nessun Paese sarebbe in grado di gestire la cosiddetta transizione energetica perché le rinnovabili da sole non sono sufficienti e non lo saranno neanche in futuro. Se vuoi risolvere i due grandi problemi mondiali legati all'energia, la transizione e, soprattutto, l'accesso che riguarda un miliardo di persone oggi escluse dall'uso di energia, non puoi non passare dal gas. Insomma, di gas continueremo a vivere.

In Italia ci sono diversi terminali non usati e poi ci sono le scoperte che Eni ha fatto nel mondo soprattutto in Africa. Gran parte del consumo resterà nei Paesi di provenienza, ma resta una quota consistente di produzione che potrebbe attraversare il Mediterraneo e arrivare da noi e in Europa. L'Italia avrebbe un grande ruolo come hub del gas europeo se la politica energetica si orientasse secondo l'asse Sud-Nord e non secondo l'asse Est-Ovest come adesso. La suggestione viene da lontano, ma è evidente che ha implicazioni geopolitiche rilevanti. Sia nel rapporto con la Russia, sia nei rapporti interni all'Europa.

Che sensibilità sente presso gli interlocutori istituzionali?

Avverto posizioni molto diverse anche all'interno del governo. Però spetta anche alle stesse *majors* far capire le differenze tra le varie fonti e analizzare con razionalità tutto il potenziale. È un tema strategico e riguarda la competitività di tutto il Paese e non può essere trattato come un tema ideologico dalla politica. Detto questo, non mi pare ci sia tanta sensibilità verso l'argomento.

L'Eni, come accennava prima, ha investito anche sulla fusione nucleare di prossima generazione. Quanto è realistica?

È un investimento molto importante fatto insieme a una startup creata da ex ricercatori e scienziati del Mit, la Cfs. Si tratta di 50 milioni di dollari per sviluppare il primo impianto di fusione nucleare commerciale in 15 anni. Sarebbe la fonte piú rinnovabile in natura e nel mondo. Non avrebbe costi e verrebbe realizzata in impianti molto piú piccoli di quelli tradizionali. Sarebbe un cambio epocale, non rilascia emissioni, né scarti e sarebbe potenzialmente inesauribile.

Può l'Africa diventare laboratorio per una nuova crescita dell'Italia e dell'Europa?

C'è Africa e Africa, ci sono Paesi a tassi di crescita invidiabili e Paesi che hanno difficoltà ad avere l'accesso all'acqua, come quelli della parte subsahariana. La diffusione della telefonia e delle tecnologie digitali ha consentito di compiere, a una parte di quell'immenso continente, un salto evolutivo che ha evitato le fasi della rivoluzione industriale manifatturiera cosí come l'abbiamo conosciuta in Europa. E naturalmente è un bene, anche se ancora è un fenomeno poco diffuso. La possibilità che l'Africa diventi un driver di sviluppo per l'Italia e l'Europa passa anche da un approccio diverso ai progetti di crescita locale. Non a caso come Business Europe avevamo appoggiato il piano messo a punto dalla Commissione europea. Gli obiettivi erano l'abbattimento di eventuali barriere doganali, la creazione di condizioni di mercato tra società pubbliche e private e la possibilità di migliorare la strumentazione di incentivo agli investimenti privati.

Troppo spesso, nei rapporti con l'Africa, non ha prevalso un approccio di mercato, di business, fatto di network tra imprese e tra imprenditori, non tra politici. Certo, il contributo dei governi è decisivo, ma serve un nuovo concetto di pari dignità imprenditoriale. Affidare solo alla politica le relazioni anche economiche crea delle distorsioni e non fa progredire una efficace cultura delle relazioni. L'Africa può anche significare scarsa regolarità nei pagamenti, scarsa certezza del diritto e nell'amministrazione della giustizia, corruzione molto diffusa. Situazioni borderline in cui il cinismo e la convenienza degli attori politici può prosperare. Ma ciò che è certo è che l'Europa deve fare uno sforzo importante nella direzione di una partnership con la parte migliore dell'Africa. C'è un enorme potenziale negli investimenti sostenibili anche perché l'impatto dei cambiamenti climatici in quell'area può avere connotati davvero devastanti. C'è uno spazio per un nuovo protagonismo italiano, ma bisogna saperlo gestire.

Negli studi piú recenti della Iea, l'Africa viene considerata forse il piú rilevante fattore di condizionamento delle politiche energetiche globali. Qui la domanda di petrolio continuerà a crescere fino al 2040, nonostante sia il luogo con il piú alto potenziale di energia solare. Ma oggi in Africa è installato solo l'1% dei pannelli solari globali. Sempre entro il 2040 la popolazione africana aumenterà di mezzo miliardo di persone. È un dato impressionante su cui riflettiamo poco. Senza dimenticare che è molto complicato il rapporto con i Paesi dell'Africa francofona, molto legati a Parigi che continua a essere vissuta con un rapporto di amore-odio, ma è molto presente e riconosciuta. È evidente che se l'Europa superasse atteggiamenti di piccolo cabotaggio, improntati soprattutto a retaggi di vecchi egoismi nazionali, potrebbe giocare un ruolo molto rilevante, laddove invece lo sta giocando ad esempio la Cina. E si sa che Pechino ha un modello molto preciso: ti finanzio gli investimenti e se non sei in grado di restituire le rate, allora subentro negli asset del Paese, dalle materie prime ai porti.

Anche la siderurgia vive un momento di riconversione produttiva. Qual è il suo futuro? Può essere ancora un driver per lo sviluppo industriale?

La siderurgia resta fondamentale perché interessa tutte le catene del valore delle produzioni. Tanto piú in un Paese come il nostro. Una cosa è certa: non si potrà fare a meno del ciclo integrato, dell'acciaio prodotto da altoforno. Dobbiamo continuare nello sforzo di decarbonizzazione e di attenzione alla sostenibilità che porta verso l'uso di tecnologie alternative a partire dai forni elettrici, ma non avrebbe senso diventare l'unico Paese che rinuncia al ciclo integrato perché comunque ha un impatto sulla qualità del prodotto. Il piano per l'acciaio? Ciò che serve sono le condizioni di contesto per consentire ai vari player di fare al meglio il loro lavoro. Con una certezza: non si può pensare di avere le produzioni e il numero di addetti che avevamo pre-Covid, già starato rispetto a un mondo in sovrapproduzione. È come per il piano-Paese: meno burocrazia, autorizzazioni veloci, costi dell'energia competitivi, qualche certezza per non far crollare la domanda, aiuti alle capitalizzazioni delle imprese e al consolidamento, come per altri settori. Ma non vedo la necessità di un vero piano di settore. Soprattutto non vorrei che si traducesse semplicemente in un via libera alle nazionalizzazioni. C'è un aspetto che si sottovaluta. La siderurgia è forse il settore con la piú alta circolarità del suo ciclo economico. Basti pensare che, per una grande parte, la materia prima è il rottame. Prima del Covid-19 il settore era al centro di molte ricerche volte all'aumento dell'efficienza produttiva, a cominciare da quella energetica. Per uno dei settori a piú alto consumo di energia era già molto. Anche piccoli risparmi nel ciclo produttivo potevano tradursi in grandi risultati complessivi.

Se ne è parlato spesso durante le fasi piú concitate della vertenza Ilva. L'Italia davvero si può candidare a diventare il laboratorio europeo della tecnologia legata all'idrogeno?

Oggi produrre l'idrogeno costa moltissimo e non rende economizzabile il processo produttivo. Siamo molto lontani dall'obiettivo di renderla una tecnologia diffusa e competitiva. C'è un piccolo impianto pilota in Francia, ma è poco piú che un laboratorio di sperimentazione. Le stime di Eurofer che inglobano lo scenario piú spinto nella svolta verso la sostenibilità segnalano una riduzione di emissioni tra l'80 e il 95% entro il 2050 anche grazie all'uso dell'idrogeno in sostituzione del carbone. Ciò significherà un aumento dei costi di produzione da 35-100% per tonnellata prodotta entro il 2050. E in parallelo porterà a un aumento del consumo di energia di sette volte quello attuale (pre-Covid) a 400 terawattora (Twh) di cui piú della metà (230) dovrebbero essere usate per la produzione di 5,5 milioni di tonnellate di idrogeno. Insomma, se ne parla, è oggetto di studio, ma l'idea che l'impianto a idrogeno, efficiente e competitivo, sia dietro l'angolo è futuribile.

Gli Stati generali sono una riedizione della concertazione?

Sono d'accordo con il presidente della Repubblica e con il governatore della Banca d'Italia che ci invitano a uno sforzo corale per affrontare una situazione di gravità inedita. Sono in gioco le catene globali del valore, le nuove scelte strategiche sulla manifattura e sul modello produttivo italiano. Non si può immaginare che qualcuno decida da solo; c'è bisogno di condivisione e di ascolto. Serve una visione d'insieme del Paese mettendo a fattor comune esperienze diverse. Naturalmente anche il confronto ha bisogno di regole e la prima è che non si riduca a una passerella.

Ricordo bene il metodo ciampiano della concertazione: co-decisione sulle scelte da fare e corresponsabilità nella loro esecuzione. Allora si parlava di politiche dei redditi e quindi le parti sociali avevano una missione specifica. L'importante era soprattutto la condivisione delle responsabilità. L'importante oggi è che chi si siede a quel tavolo non vada con l'idea del veto, dell'idea preconcetta da far passare senza mediazioni. Il bene del Paese deve diventare la bussola di tutti e non può essere solo la sintesi della politica di posizioni pregiudiziali. Ciò che conta poi è definire la responsabilità di attuazione del piano, i tempi e le modalità operative. Altrimenti resta uno dei tanti piani, spesso ricchi solo di buone intenzioni, che abbiamo visto tante altre volte.

Lei, come presidente di Confindustria, ha firmato l'accordo per la riforma delle relazioni industriali e la nuova struttura contrattuale. Oggi non crede che sia maturo il tema del salario?

Il sindacato sottolinea le diseguaglianze e ci sono. Anche il mondo delle imprese sa bene che le diseguaglianze vanno eliminate perché sono solo un danno per il Paese e non sono sostenibili per lungo tempo. L'esempio degli Stati Uniti è lí a dimostrarlo. Dobbiamo avere chiaro però che non si combattono le diseguaglianze solo con l'assistenzialismo: certo, chi è ai margini va aiutato e sorretto. Ma tutti gli altri devono lavorare e penso a un lavoro vero, inserito in contesti competitivi e di mercato. E pagato come merita.

È tempo di pensare che il lavoro flessibile (alias precario) vada pagato piú di quello fisso?

Il Covid-19 ci ha insegnato che è sopravvissuto chi ha avuto la capacità di adattarsi, di modificare quasi giorno dopo giorno le proprie strategie per contenere i danni. L'incertezza e la flessibilità sono i confini operativi di questo nostro presente. Quanto al lavoro, non si può ridurre a un'idea che sia una variabile del tutto flessibile o al contrario immutabile e fissa. Certe garanzie fondamentali devono rimanere, ma la remunerazione del lavoro deve trovare nuove strade per valorizzare la produttività anche perché il salario aziendale ha un peso maggiore che gli va riconosciuto con forme innovative e comunque variabili. Non si è fatto abbastanza su questo fronte: è mancata, direi, la fantasia alle parti sociali. Poi la pandemia ha ulteriormente complicato le cose. Ma se devo rispondere in modo secco: sono pronta anche a esplorare un orizzonte dove il lavoro flessibile sia piú remunerato di quello tradizionale a tempo indeterminato. La sfida oggi è talmente grande che bisogna accettare di rimettere in gioco tutto senza tabú. Lo deve fare l'impresa e lo deve fare anche il sindacato.

È in gioco anche il modello di welfare?

Non cambierei il modello di welfare europeo, sanità compresa, magari per adottare quello americano. È efficiente e ha dimostrato di saper rispondere a sfide epocali. Ma tutto va ridiscusso.

All'interno del tema salario ad esempio è sempre piú importante anche la possibilità di avere un finanziamento per l'istruzione dei figli, una forma di mutualizzazione sanitaria piú estesa, magari un modo per remunerare lo smart working con dotazioni e benefit. Forse la lezione della pandemia è anche quella di un ritorno al valore della qualità della vita. E anche questo fa parte dei temi da discutere in una sorta di anno zero del dialogo sociale. Anno zero, non ritorno al passato. Ad esempio, dire oggi «diminuire l'orario a parità di salario» è fuori dalla storia.

È in atto un forte ripensamento del capitalismo anche dall'interno. Colin Crouch dice che «sulla superficie lucida del neoliberismo si sono aperte alcune crepe». Lei che ne pensa?

Il capitalismo è imperfetto, ma il resto è peggio. Incentiva l'innovazione, la competizione, la mobilità delle persone. Questi anni hanno dimostrato che ci sono stati eccessi, piú negli Usa che in Europa, ma ci sono stati. Il capitalismo funziona se dà opportunità a tutti e se in grado di promuovere l'ascensore sociale in un contesto che non perda di vista l'attenzione agli ultimi. Certo, i meccanismi di Stato sociale o di assistenza non sono appannaggio delle imprese, ma delle scelte politiche. Il capitalismo di Stato no. Non ha dato buoni risultati. Il Covid-19 ha creato le premesse per lo stress test del modello, le imprese serie lo hanno colto. E hanno colto soprattutto come sia emersa con forza l'esigenza di valorizzare la responsabilità sociale d'impresa. Le aziende piú che mai si sono rivelate comunità di esseri umani coinvolti in un progetto condiviso; i nostri collaboratori, nei momenti piú drammatici della crisi, oltre a chiederci che cosa ne sarebbe stato dell'impresa e del nostro futuro, ci chiedevano una sorta di protezione, direi quasi fisica. Mi ha molto colpito e mi fa pensare che in futuro sarà sempre piú rilevante proprio il ruolo dell'impresa, oltre che nell'economia, nella società. E ogni imprenditore ne deve essere cosciente.

Uno sguardo lungo. Ma oggi prevale la veduta corta, l'ansia da prestazione e la corsa verso il risultato a breve termine.

Su questo il capitalismo familiare ha un vantaggio. Se riesce a superare le negatività del familismo – cosa non facile, ma possibile – e se riesce ad aprirsi ai manager, l'impresa familiare è il prototipo dell'orizzonte lungo, degli investimenti strategici svincolati dall'ansia di risultati di brevissimo periodo. Insomma, verrebbe da dire: il contrario delle *public companies*. Inutile negare che ci sia contrasto tra gli obiettivi a breve e quelli a lungo termine. Ne è piena la storia industriale recente. Tuttavia, credo sia maturo il tempo per immaginare una nuova cittadinanza nelle teorie di gestione dell'impresa per le strategie a lunga gittata o perlomeno per immaginare un diverso equilibrio tra le due tendenze e superare lo sbilanciamento a favore del risultato ravvicinato. Forse così riusciremo a evitare le distorsioni nei sistemi di remunerazione dei manager che ci sono state in passato.

Federico Marchetti
Il lusso dell'Ape Car

Federico Marchetti, «imprenditore e innovatore», nel 2000 ha fondato YOOX il primo portale per la vendita online dei marchi del lusso che ha poi quotato a Milano nel 2009, dove è stato uno dei titoli unicorno (con valore di capitalizzazione superiore al miliardo di euro). Nel 2015 ha gestito la fusione che ha portato alla nascita del gruppo italo-inglese YOOX NET-A-PORTER, leader nel mondo per l'e-commerce del lusso, di cui ora è presidente e amministratore delegato. Nel 2018 il gruppo è stato acquisito da Richemont, uno dei piú grandi player mondiali del settore con sede in Svizzera. Con l'acquisizione è stata ampliata l'area di business in Cina, grazie all'accordo con Alibaba, e nei Paesi Arabi, tramite l'intesa con Mohamed Alabbar, uno degli imprenditori piú visionari dell'area. Il gruppo occupa nel mondo 5.500 persone e offre servizi a 4,3 milioni di clienti in 180 Paesi con piú di un miliardo di visitatori annui del sito. Oltre un miliardo di fatturato è realizzato attraverso le app degli smartphone. Dal giugno 2020 Federico Marchetti è entrato nel consiglio di amministrazione della Giorgio Armani Spa come consigliere indipendente.

Il Pil avrà un crollo epocale. Ripartiremo? La sua storia è una storia di ottimismo della volontà. Vale anche adesso?

Guardando il mondo e la sua reazione al coronavirus, va detto che non ci possiamo lamentare della reazione in Italia. Anzi, possiamo dire che la risposta del governo italiano è stata certo migliore di quella data dalla Gran Bretagna, dagli Stati Uniti, dal Brasile e forse anche da diversi altri Stati. Gli italiani, pur sottoposti a misure draconiane e drastiche, hanno reagito con compostezza e disciplina nella stragrande maggioranza dei casi. Insomma, forse è una delle poche volte in cui ci siamo trovati, come italiani, a essere davvero orgogliosi del nostro Paese. La verità, però, è che tutto ciò non era difficile da organizzare. La parte difficile viene adesso. È la gestione del dopo lockdown. Non è tanto una questione di idee. Ormai ne circolano tantissime, il Rapporto Colao, gli Stati generali, le diverse task force. In un modo o nell'altro suggeriscono tutti le stesse misure. La svolta green, la digitalizzazione, la semplificazione che dica addio alla burocrazia, la spinta verso la creatività italiana. Il tema è quello di trasformare tutte queste suggestioni in azioni vere e concrete. In un piano che abbia un orizzonte di piú anni perché sarebbe un errore clamoroso immaginare svolte rapide o addirittura immediate. Sarebbe un boomerang. Detto questo, resto ottimista. Per carattere, per vocazione e perché un imprenditore non può essere pessimista. Ha in mano il futuro della sua azienda e delle persone che lavorano per lui, quindi le sue responsabilità stanno nel trovare nuove soluzioni a problemi mai affrontati prima, come una pandemia mondiale. E le soluzioni devono essere efficaci, rapide e tener conto dell'accelerazione dei cambiamenti. E sono certo che trasformeremo questa tragedia in un'opportunità.

Quindi andrà davvero tutto bene?

Credo nei giovani e nell'Italia, in cui stiamo investendo. Sarà un periodo complicato, ma dopo le grandi crisi, arriva sempre la ricostruzione. Un momento strategico, dove avere le idee chiare e vivere nel futuro fa la differenza. Quindi come prima cosa, visto che per i ragazzi l'*home schooling* diventerà una consuetudine dobbiamo assicurarci che nessuno resti indietro. L'obiettivo, che ho proposto al Comitato esperti in materia economica e sociale per il rilancio dell'economia post-Covid, è dotare ogni bambina e ogni bambino in Italia di un computer (One Laptop per Child). Sembra l'uovo di Colombo. Ma non è affatto semplice. Tendiamo a trascurare quello che l'Istat ci ha ricordato anche recentemente con la durezza dei suoi numeri: il 33% delle famiglie italiane non ha un computer o un tablet e al Sud questo riguarda 4 famiglie su 10.

Qual è l'Italia che lei vede dal suo cruscotto digitale?

Un Paese pieno di eccellenze. Aziende iper-specializzate, di cui a volte non abbiamo mai sentito il nome, che sono leader mondiali nel loro settore. Giovani creativi che studiano idee innovative in diversi campi. E poi soprattutto penso all'Italia come incubatore della bellezza. È il Paese dove i turisti di tutto il mondo sognano di andare. La moda italiana è la piú desiderata, il cinema italiano ha prodotto film straordinari, entrati nella storia, e non mi riferisco solo al mio adorato Fellini. Penso a Luca Guadagnino e Paolo Sorrentino, registi da Oscar. E poi la cucina, la qualità della vita, il concetto di welfare, di benessere, la fantasia. Insomma, noi abbiamo la carta della creatività. E se riusciamo a richiamare i talenti in fuga per alzare le competenze attualmente in campo saremo anche capaci di eccellere nella ricerca scientifica, biomedica, tecnologica.

Il ruolo delle tecnologie. La pandemia ci ha aperto il mondo dei big data e del loro valore salvifico per la tutela della salute pubblica. Questa nuova percezione popolare dell'importanza dell'elaborazione dei dati ci porterà ad attenuare i timori delle manipolazioni, dell'uso strumentale dei profili, della violazione della privacy? Che mondo ci attende secondo lei?

La tecnologia non è un tema astratto. Diciamolo chiaramente: è chi la fa a decidere come usarla. Riuscirà a trasformarsi in una enorme opportunità anche per il nostro Paese se ne verrà fatto un uso intelligente. Siamo passati da una situazione di timore della tecnologia a una situazione di aspettativa messianica nei suoi confronti. Milioni di persone si sono collegate contemporaneamente, da tutte le parti del mondo, cercando risposte. Comunicando, studiando, lavorando, innamorandosi, sposandosi, facendo shopping online. Giovani nativi digitali, anziani che non sapevano cosa fosse una videochiamata hanno capito che la soluzione di una parte dei loro problemi, o almeno la soddisfazione di alcuni loro desideri, erano proprio in quel computer o in quel telefonino che fino ad allora non era mai stato cosí importante.

All'improvviso i device sono diventati la chiave per connettersi al resto del mondo e per sentirsi vivi e attivi.

Per sentirsi vivi si rinuncia anche alla privacy?

In troppi pensano che tecnologia sia uguale violazione della privacy. È un errore clamoroso. Basta definire le regole e i regolatori. A volte mi stupisce come la discussione pubblica abbia tratti di attenzione maniacale al tema, ad esempio quando si parla della app per il controllo del coronavirus, e poi trascuri in modo davvero superficiale le moltissime occasioni della nostra vita quotidiana piú che esposta al rischio di intromissioni nella vita privata, ma non certo per problemi legati alla tecnologia in sé.

Qual è secondo lei l'uso intelligente della tecnologia? O meglio quale può essere l'uso intelligente dell'intelligenza artificiale?

La mia scelta strategica è stata da 20 anni quella di non abusare della tecnologia, vale a dire di non spingere all'eccesso l'uso dell'automazione. E va detto che in un business come il nostro ciò sarebbe possibile. Ho sempre pensato che la formula vincente sarebbe stata quella di mantenere il giusto mezzo nel bilanciamento tra l'umano e il tecnologico. Noi apparteniamo al settore del lusso che è il settore delle emozioni per definizione. Per quanto si possa guadagnare in velocità, in efficienza produttiva o in chissà cosa d'altro non bisogna lasciare in secondo piano l'elemento umano. Non credo nel modello organizzativo alla Amazon dove tutto è algoritmo. Da noi la tecnologia aiuta le persone a fare meglio il loro lavoro. Invece di agire direttamente sui nostri consumatori con l'algoritmo, diamo un sistema di tool e informazioni ai nostri personal shopper che poi interagiscono con i nostri clienti con un rapporto da persona a persona. Un rapporto umano.

Un esempio? La nostra linea 8byYOOX è *powered by big data* e *Artificial Intelligence*. Utilizzando i miliardi di informazioni sui nostri clienti, dalle loro interazioni con noi ai loro comportamenti sui social media, siamo in grado di comporre un *moodboard* che potrebbe essere trasferito tranquillamente alla produzione per creare prodotti profilati sul risultato raggiunto dall'intelligenza artificiale. Ma noi evitiamo di farlo. Passiamo il *moodboard* al team di prodotto dei nostri creativi che usano istinto, sensibilità, senso estetico, conoscenza del mondo che a volte deriva anche solo dal camminare per la strada facendo attenzione ai comportamenti della gente. Insomma, conta il prezioso esercizio di umanità che nessuna intelligenza artificiale potrà mai sostituire.

Soprattutto nell'e-commerce, però, si ha la sensazione che l'umanità ceda un po' il passo alla tecnologia.

Non lo credo. Per quanto mi riguarda non dimentico mai che tutto nasce proprio dal nome YOOX. X e Y sono gli identificativi dei cromosomi e il doppio zero (o doppia

o) è il primo tassello del codice binario. Insomma, già nel nome c'è una configurazione di un Dna tecnologico abbracciato dal Dna umano. E questa filosofia di pensiero l'ho applicata in tutti questi anni nei momenti cruciali delle scelte strategiche per l'impresa. Credo in un nuovo umanesimo che bilanci uomo e macchina. Mi piace ricordare una frase di Luciano Floridi che ritengo illuminante: «Il computer gioca a scacchi meglio di noi, ma non è saper giocare a scacchi che ci rende eccezionali, è magari il desiderio di giocarci, il fatto che vorremmo vincere o che gioco peggio perché gioco con mia nipote e voglio che vinca lei».

Arriveremo mai a un modello produttivo dove l'algoritmo farà tutto?

È un pericolo che, soprattutto in Italia, non corriamo. Uomo e tecnologia saranno sempre bilanciati. In Italia piú che altrove. Torno all'idea di umanesimo bilanciato. I consumatori si aspettano che usiamo i robot, che l'informatica diventi sempre piú centrale, ma vogliono il lato umano. Ci chiedono vicinanza, conoscenza, empatia. Vogliono essere conosciuti e rispettati. Cercano contenuti e sensibilità.

Che ne pensa del piano di digitalizzazione di cui si parla da anni?

Il lockdown imposto dalla pandemia ha creato le condizioni per una sorta di check-up a livello globale per capire la tenuta e le potenzialità che la banda veloce e internet possono avere quando milioni di persone sono chiuse in casa e collegate simultaneamente. Da noi sono emerse tutte le lacune che peraltro conosciamo da tempo. Sono convinto che in Italia ci debbano essere maggiori investimenti sulla banda larga. Non tutte le città hanno una copertura adeguata e nelle settimane di quarantena, soprattutto nei centri urbani piú piccoli, le linee erano praticamente sempre in sovraccarico data la forte domanda.

Saremmo felici se un piano concreto e di lungo termine arrivasse finalmente a essere realizzato. C'è un punto di partenza però: la tecnologia è difficile. Chi pensa che la digitalizzazione si possa realizzare in pochissimo tempo sbaglia e di molto. La tecnologia è *trial and error*, tentativi e aggiustamenti. Con l'ulteriore complicazione che spesso gli investimenti di oggi si vedono dopo anni perché significa programmare, seguire le sequenze del coding, pianificare. Spero che non si stia diffondendo l'utopia collettiva che attribuisce alla digitalizzazione poteri miracolistici. Ciò che serve sono soprattutto le idee chiare, la capacità di scegliere una traiettoria senza interferenze. Una linea di azione netta e pulita, altrimenti si creano solo continue correzioni di rotta ed è il caos.

Qual è l'apporto dell'intelligenza artificiale e della «Visual Recognition» per il rilancio nel dopo-pandemia?

Se sei un'impresa che ha 4,3 milioni di clienti attivi, un miliardo di visite da 180 Paesi all'anno e circa 15 milioni di follower sui social media hai bisogno della tecnologia per gestire tutto. Non sarebbe umanamente possibile immaginare le forme di personalizzazione e di attenzione specifica a ogni cliente che invece garantisce l'uso dell'intelligenza artificiale. Va detto che per noi l'intelligenza artificiale non è solo elaborazione del dato. È soprattutto elaborazione di immagini che sono il cuore del nostro mondo, che è il mondo del lusso. Delle emozioni. Siamo il polo del fashion piú avanzato in Italia per *Artificial Intelligence* e *Visual Recognition*. Recentemente abbiamo stretto una collaborazione con l'università di Modena e Reggio Emilia per creare un laboratorio congiunto dedicato all'intelligenza artificiale e alla Computer Vision nel campo della moda. Un programma di ricerca guidato dalla professoressa Rita Cucchiara, una delle massime esperte nel campo e direttrice del Laboratorio nazionale di intelligenza artificiale e sistemi intelligenti.

Lo scopo finale è quello di rivoluzionare completamente le esperienze di acquisto online dei clienti in tutto il mondo. Possiamo sviluppare soluzioni tecnologiche straordinarie grazie all'elaborazione dell'enorme archivio del gruppo dove sono custoditi oltre 20 anni di dati e centinaia di milioni di immagini. L'elaborazione visiva da parte dell'intelligenza artificiale permette di processare una mole infinita di dati in tempi rapidi, e non solo per capire, ad esempio, se un capo è di puro cotone o di lana vergine. Anzi, l'intelligenza artificiale consente di esplorare in maniera innovativa le potenzialità della tecnologia e in questo periodo di emergenza, può essere usata, direi, addirittura a sostegno dell'umanità. Proprio per questo, sempre in collaborazione con l'università di Modena e Reggio Emilia, partecipiamo al progetto Folding@home, che permette a qualsiasi cittadino o azienda del mondo di donare la propria potenza di calcolo per la simulazione della dinamica delle proteine e l'elaborazione di nuove terapie per battere il Covid-19. Noi diamo il nostro contribuito con una capacità di calcolo notevole.

L'e-commerce in questo periodo di isolamento è stata la salvezza per milioni di cittadini. Come evolverà? Riuscirà a passare indenne dalla stagione di cosiddetta deglobalizzazione che vede il mondo restringersi nella suggestione delle piccole (grandi) patrie? Nel micro: come sarà la convivenza con i negozi di prossimità che sono terrorizzati di perdere il mercato?

Che ormai sia l'ora X dell'e-commerce e che ci siano tanti clienti convertiti alla causa per necessità è ovvio. Ma la tendenza a una crescita esponenziale era già in atto da tempo: i dati Bain-Altagamma segnalavano già un aumento del 20% annuo, dal 2015 al 2019 che ha portato il fatturato per gli acquisti online di beni di lusso a un raddoppio in pochi anni da 17 a 34 miliardi di euro. Ormai il fenomeno taglia trasversalmente le generazioni e gli strati sociali e forse questo è meno scontato. Con il lockdown anche le persone più anziane hanno abbandonato – o hanno dovuto abbandonare – l'idea di continuare a fare conto sul negozietto sotto casa. Questo è diventato un bacino di nuovi clienti che non torneranno più indietro.

È sicuro di questo?

Ci sarà chi non riprenderà le vecchie abitudini. Ma, terminata l'emergenza, parte dei clienti tornerà ad acquistare nei negozi fisici. Tuttavia, credo che in futuro ci sarà una crescente integrazione con quelli virtuali. Sí, la parola chiave è: integrazione. Da questa esperienza usciremo tutti cambiati. Molte persone non avevano ancora sperimentato appieno le potenzialità della tecnologia e hanno apprezzato fino in fondo quanto può essere utile e amica. Altri hanno capito che niente riesce a essere piú veloce e istintivo di un sito di e-commerce. I negozi dovranno rinnovarsi sempre piú velocemente. Ma mi rendo conto che è piú facile cambiare un negozio online che una rete di negozi offline.

Chi, invece, tornerà indietro?

Tornerà indietro chi avrà avuto una esperienza negativa con l'e-commerce: se nel pacco non c'era il capo ordinato, se è arrivato troppo tardi, se nella carta di credito l'addebito è risultato sbagliato, se non è stato facile gestire un reso. Una brutta esperienza di acquisto online sappiamo che spesso significa l'abbandono del canale da parte del cliente. Ma devo anche dire che facciamo di tutto perché questi inconvenienti siano azzerati. La macchina dell'e-commerce deve puntare tutto sull'affidabilità; è fatta di programmazione maniacale, deve essere una sorta di macchina quasi perfetta. In generale chi rischia sono soprattutto gli operatori improvvisati che fiutano una tendenza e si buttano senza un vero know-how, senza strutture adeguate, senza pianificazione.

Non è un caso forse che la grande distribuzione durante il lockdown sia andata in tilt abbastanza rapidamente. In questo caso il rischio boomerang è quasi sicuro. Per il resto, invece, chi incontra l'e-commerce e non ha problemi realizza che sta facendo uno straordinario viaggio nel tempo e nello spazio che fa vincere sempre il cliente. Perché il vero vincitore dell'e-commerce è sempre il cliente: presto capisce che risparmia tempo negli spostamenti e, quindi, benzina; che evita l'estenuante ricerca del parcheggio; che magari fa bene anche al pianeta e al clima. Che può gestire le prove dei capi a domicilio in tutta tranquillità.

Quanto sono pronte le aziende italiane alla fase di distribuzione online? Cambierà qualcosa adesso?

Le aziende, soprattutto le piccole e medie, dovranno rivedere il loro modello di business. Naturalmente dovranno essere o diventare piú globali, piú digitali, piú in linea con le esigenze del futuro. Hanno poco tempo però. La pandemia ha messo a nudo tutte le fragilità e, soprattutto, i ritardi. Sopravvivranno, e, anzi, ne usciranno ancora piú forti di prima, tutti coloro che avevano già abbracciato l'economia digitale, e che quindi avevano già spostato sulla rete gran parte delle loro attività. Ma come sempre preferisco partire da YOOX. Dopo aver inventato la formula dell'e-commerce abbinato alla moda, nel 2005 ho scommesso molto sui cosiddetti canali monomarca. E noi di YOOX siamo presto diventati il «dietro le quinte» di moltissimi grandi brand del settore – direi tutti i nomi piú di prestigio – che si sono affidati alla nostra macchina per gestire il commercio online dei loro prodotti. Quindi, se guardo a questo sviluppo, devo dire che le aziende sono pronte, per lo meno nel nostro settore di riferimento. La chiusura dei negozi fisici di quei marchi ha indotto i consumatori a riversarsi – per fortuna – sui negozi online e ha creato un vero e proprio boom. E questo resta un trend che non si fermerà.

Conta la differenza generazionale? Avete immaginato modalità specifiche di attenzione al pubblico âgée, che poi è quello proprio del secondo Paese piú vecchio del mondo?

Non mi piace parlare di profilazione, preferisco parlare di gusti del cliente. Se partiamo da questo assunto le differenze generazionali diventano le normali differenze tra le persone.

Che mercato è quello degli operatori di e-commerce? C'è davvero ancora spazio?

I fondi necessari agli investimenti per lanciare YOOX, che oggi fattura piú di due miliardi, sono stati 20 milioni di euro. Era il 2000. Essere stati i primi ha garantito un vantaggio competitivo enorme, il mercato era vergine, le uniche difficoltà erano tutte interne allo sviluppo del nostro business, non per problemi di confronto con altri. Man mano che il mercato è cresciuto, l'asticella si è alzata, le necessità di finanziamento sono aumentate e oggi siamo al culmine e il Covid ha sicuramente contribuito a rendere il settore il piú hot tra quelli industriali. Ciò significa che è sempre piú difficile essere competitivi. E che è sempre piú ardua la sfida per chi voglia entrare su questo mercato.

Quanto spaventa la capacità competitiva della Cina?

Non piú di tanto. La *competition* è negli Stati Uniti. La Cina è dei cinesi e se vuoi entrare nel loro mercato devi fare accordi con un player locale. È estremamente importante essere presenti sul mercato cinese, ora piú che mai. Il lusso e la Cina sono ormai inseparabili. Ma bisogna esserci a certe condizioni. Il mercato lí non è semplice. Devi giocare con i player giusti altrimenti rischi di essere marginale o, se vuoi fare tutto da solo, addirittura invisibile. Noi, ancora una volta, abbiamo puntato in alto, cercato l'alleato piú forte con cui creare una partnership.

A settembre del 2019 noi, cioè Richemont e Alibaba, abbiamo aperto il flagship store NET-A-PORTER sul Tmall Luxury Pavilion di Alibaba, una piattaforma esclusiva dedicata ai marchi mondiali del lusso e della moda. È nata una partnership tra Richemont, Alibaba e YOOX NET-A-PORTER che unisce tre leader mondiali che insieme stanno dando vita a una rivoluzione nell'e-commerce globale.

Comunque, tornando all'atteggiamento della Cina, tanto di cappello: hanno deciso che, prima di aprire ai grandi gruppi mondiali, era necessario far crescere le imprese del loro Paese. È una strategia di governo – per alcuni potrà anche essere discutibile – ma dal loro punto di vista hanno fatto gli interessi delle aziende nazionali.

Il consumatore cinese è un consumatore fantastico! Ama la moda, la segue, ha voglia di esplorare, di conoscere marchi nuovi. È smart, intelligente, digitale. Vuole un'esperienza unica, personalizzata, esclusiva. Segue le sue passioni, ama i marchi, le griffe, ha voglia di lusso, è curatissimo nei suoi look e conosce bene le tendenze. I consumatori cinesi sono, e saranno, il motore del mercato globale del lusso.

Come vede la battaglia sul 5G?

È una grande opportunità in piú soprattutto per un'azienda come la nostra che si basa su contenuti da cui far derivare ispirazione per i nostri clienti. Piú c'è potenza di fuoco per rendere fruibili i nostri contenuti meglio è.

Come si fa a rendere sostenibile il legame tra commercio online e necessità di aumentare le flotte di furgoni per le consegne? Anche questo è un tema che mette in gioco la sostenibilità e la scansione degli orari nelle città.

Non credo che si debbano aspettare delle regole imposte dall'alto. Credo siano importanti i comportamenti singoli, come persone e come imprese. Sono questi che fanno la differenza. E magari nel medio termine inducono anche chi fa politica a prendere decisioni conseguenti. Quanto alla nostra attività, non si può esaminare solo l'ultimo miglio. Bisogna ripercorrere tutta la strada, da quando nasce un capo a quando arriva sulla porta di casa.

Siamo sempre stati antesignani sul tema della sostenibilità, i nostri progetti hanno radici lontane. Ci lavoro da almeno 10 anni. Il nostro piano data 2009 e allora il mondo della moda non era sensibile all'argomento. Cosí è nato YOOXYGEN, il primo shop-in-shop online dedicato esclusivamente alla moda sostenibile. Questo consente di mettere in circolo capi riciclabili, che non inquinano e non intossicano la natura. Poi era soprattutto un grande progetto aziendale: auto ibride ai dirigenti, packaging in materiali riciclabile, energie rinnovabili per l'alimentazione della nostra piattaforma. Quando ci siamo fusi con gli inglesi di NET-A-PORTER abbiamo «esportato» in Gran Bretagna queste nostre buone pratiche. Gli inglesi non erano avanti come noi soprattutto sul tema degli imballaggi. La nostra flotta per le consegne è tutta composta da auto elettriche a New York, Londra, Hong Kong, Dubai e presto Milano.

Il tema del congestionamento del traffico dovuto all'impatto enorme dell'e-commerce è un tema vero. E non basta immaginare vetture elettriche, occorre anche ridurre lo spazio occupato dai vettori. Il mio sogno, soprattutto in Italia, è di poter arrivare a usare l'Ape Car elettrica, una sorta di ritorno al futuro. In India l'Ape elettrica è molto diffusa e non è irrealistico immaginare quei veicoli girare anche nelle città in Italia, dove peraltro sono già usati in diverse aree non urbane del territorio. Hanno il bagagliaio ideale per i nostri prodotti, per trasportare la giusta quantità di pacchi, ma allo stesso tempo sono agili per superare il traffico delle città e parcheggiare in maniera piú semplice. Credo valga la pena di ragionarci.

L'importante però è riuscire a educare i clienti allo shopping responsabile tramite la conoscenza delle possibilità offerte dalla tecnologia. E magari creando in loro curiosità e – perché no? – facendoli divertire. È lo scopo della feature che si chiama YOOXMIRROR, una suite di stile virtuale, basata sull'intelligenza artificiale che ti consente di provare i vestiti su un tuo avatar e capire come ti stanno. Abbiamo affinato molto la comunicazione sulle taglie, la vestibilità e accumulato una tale mole di dati che ci consentirà sempre di piú di consigliare al cliente il capo che si addice piú facilmente al suo corpo.

È l'evoluzione dell'intuizione iniziale della nostra avventura: lo specchio del proprio guardaroba diventa quello del negozio e la casa diventa il camerino. Il cliente ordina i capi, li prova a casa e restituisce quelli che non acquista. Del resto, è da quando ho cominciato che la gente mi diceva: «Ma come si fa a comprare capi di moda se non si possono provare?» Ora andiamo oltre. I clienti si divertono, ma nel contempo contribuiscono a ridurre i resi e ciò significa meno viaggi, meno inquinamento, meno spostamenti. Insomma, piú sostenibilità. E solo quest'anno il tasso dei resi è sceso del 15% rispetto all'anno precedente.

Di 8byYOOX ho in parte già parlato prima, ma è un esempio significativo della nostra filosofia green. È il nostro marchio proprietario, una linea improntata tutta sulla sostenibilità: una intera collezione di articoli creati attraverso l'intelligenza artificiale. Dopo un solo anno, 8byYOOX si colloca già nella top 20 dei brand piú venduti di YOOX. I mercati piú performanti, nel 2019, sono stati gli Stati Uniti, la Russia e l'Italia. E con un tasso di resa dei prodotti bassissimo.

Questo vuol dire che se metti insieme dati e sostenibilità, come stiamo facendo sempre di piú, i risultati sono tangibili nella svolta green. Ma un conto sono le scelte sui nostri brand diretti, un conto sono i marchi degli altri, su cui naturalmente non abbiamo possibilità di influenza.

Quanto ai sincronismi sociali e alle nuove modalità di gestione della logistica, gli Stati Uniti sono all'avanguardia nel progettare consegne affidate ai robot. Non credo sia utile aspettare norme su fasce orarie definite dalle città o regolamenti specifici. Credo che sia giusto che le singole imprese facciano tutto quanto è nelle loro possibilità per abbattere gli impatti sociali e ambientali. Se aspettiamo il legislatore non ne verremo mai a capo.

Cambieranno le città, i luoghi del lavoro, i sistemi di trasporto? Potranno diventare occasione di rilancio, di ripartenza o di business?

Per noi lo smart working era la normalità da anni. A gennaio 2020, pre-Covid, eravamo già in smart working due giorni su cinque. Il lockdown ha indotto una forma di lavoro da remoto di emergenza che non è il vero smart working. C'è una approssimazione. Resto dell'idea che il lavoro è fatto da una grande quota di interazione umana, di collaborazione tra le persone, come si dice adesso, «in presenza». Quindi il dopo-pandemia ci indurrà a modificare le strutture degli uffici. Immagino che siano indispensabili delle aree per la condivisione e non abbia piú senso progettare gli uffici segmentando le dislocazioni per funzione aziendale, ma credo che addirittura sia meglio forse immaginare luoghi di contaminazione continua, quasi in ossequio a una sorta di caos creativo. Il nostro ufficio di Londra, il Tech Hub di West London, disegnato dallo studio Grimshaw, il piú sensibile verso la sostenibilità, è tutto improntato al tema della collaborazione e per noi è una fortuna visto che ci troviamo nel post-Covid già in linea con quella che sarà la nuova normalità nella gestione degli spazi degli uffici.

La pandemia ha indotto anche un cambio culturale, una nuova gerarchia delle priorità. Il made in Italy, l'idea del lusso resisteranno a questa stagione di nuova essenzialità? Quale potrebbe diventare il nuovo concetto di lusso in questo mondo che ci ha riportato all'idea un po' tota-

lizzante dell'«importante è la salute»? C'è ancora spazio per i mercanti di sogni?

Credo sia positivo il ripensamento in atto. Il grande mondo della moda era preda di un surriscaldamento, il cliente si trovava inondato di suggestioni e di emozioni veicolate in continuo da influencer o da informazioni gestite dai grandi marchi in modo da cerare una esigenza di ricambio sempre piú ravvicinato delle collezioni. C'era bisogno – come si dice a Ravenna nel linguaggio dei giocatori di carte – di un «fermino». Che è arrivato con il Covid. E, da questo punto di vista, è stato un bene.

Armani, simbolo e guru del made in Italy del settore, ha detto per primo in modo estremamente lucido quale dovesse essere il percorso da fare verso una nuova idea di sobrietà e di ripensamento. Che comprenderà anche una nuova idea di sostenibilità. Anche verso i clienti: se un prodotto è buono e di qualità e magari venduto al giusto prezzo (non esorbitante) perché cambiarlo dopo pochi mesi? Perché non metterlo anche due anni dopo o magari passarlo di generazione in generazione? Quando ho incontrato il principe Carlo la prima volta è capitata la conversazione sulle sue scarpe che, con grande orgoglio, diceva di portare da 30 anni e ne andava fiero. Credo che questo atteggiamento culturale abbia preso una nuova accelerazione con l'avvento della pandemia.

Il fenomeno degli influencer continuerà?

Credo che, ora piú che mai, i clienti abbiano bisogno di autenticità, trasparenza e condivisione. Ben vengano gli influencer autentici, ma temo che quelli non autentici verranno spazzati via.

Lei ha studiato alla Bocconi, ha lavorato a Londra alla Lehman Brothers, ha ottenuto un master alla Columbia. È stato uno dei primi startupper italiani. È un imprenditore che aveva un sogno e lo ha realizzato, ma è anche un capitalista moderno. Il capitalismo è al centro di una riflessione globale: si dibatte sul suo ruolo, sui suoi errori nella scansione troppo accelerata degli obiettivi delle imprese e nei sistemi di remunerazione, sulle lacune etiche da colmare, sul suo senso nel futuro. Lei come la vede?

Ancora una volta credo facciano fede i comportamenti reali piú che le opinioni. Da un punto di vista sociale abbiamo da anni un bilancio di sostenibilità. YOOX è un'azienda dove da sempre abbiamo come obiettivo l'annullamento del *gender gap*. Il 60% dei nostri dipendenti sono donne e l'*executive committee* che è l'organo di gestione dell'impresa a livello globale è 50% uomini e 50% donne. Le donne rivestono ruoli strategici chiave e da noi non esiste il *wage gap*, la differenza nella remunerazione. Quanto alla *diversity*, siamo un'impresa dove sono rappresentate 93 nazionalità diverse. Con l'esplosione del «Black Lives Matter» tutte le imprese, compresa la nostra, hanno fatto riflessioni importanti ed esami di coscienza. Personalmente continuerò a fare i programmi di *mentorship* a imprenditori e imprenditrici di colore per dare loro consigli e aiuti concreti, cercando di colmare il gap negli sbocchi che oggettivamente esiste.

In 20 anni abbiamo erogato oltre 300 milioni di euro a circa 200 persone con le *stock options* distribuendo valore non solo agli azionisti, ma anche ai dipendenti e direi in maniera abbastanza copiosa. È un po' l'American dream all'italiana. Direi che, oltre ogni teoria, è questo il capitalismo a cui penso.

Lei deve molto a Elserino Piol e al suo fiuto di «venture capitalist». Ora tocca a lei puntare sulle nuove leve e sui nuovi business. Su chi scommette?

Scommettiamo sui giovani studenti. Come abbiamo fatto ad esempio con il progetto realizzato nel 2019 che si chiama *The Modern Artisan*, frutto di una collaborazione unica tra YOOX NET-A-PORTER e The Prince's Foundation, l'associazione benefica fondata dal principe Carlo d'Inghilterra. Qui, in modo *crossborder* e alla faccia di Brexit, abbiamo riunito studenti italiani del Politecnico e studenti della Scozia in un progetto per realizzare una collezione di abbigliamento di lusso di altissimo livello e totalmente sostenibile. Gli italiani disegnano i modelli e gli scozzesi li realizzano tramite la loro rete di artigiani sul territorio.

Si tratta di una collezione tutta spinta dai dati raccolti con l'intelligenza artificiale di YOOX NET-A-PORTER. Ancora una volta torna la forma di bilanciamento uomo-tecnologia. E per questi giovani è una grande rampa di lancio. Ricordo ancora la loro stupita meraviglia quando siamo andati in un castello scozzese a presentare la joint venture. Con il Vogue YOOX Challenge poi stiamo reclutando, insieme al team di Vogue Talents, giovani imprenditori e imprenditrici che fanno della sostenibilità e dell'innovazione la loro mission aziendale. La grande novità di questa edizione sarà lo scouting: non cerchiamo solo designer in grado di creare collezioni con materiali e procedure sostenibili, ma vogliamo aprire anche alle startup che mettano la tecnologia, il proprio know-how e la creatività a servizio della sostenibilità. La tecnologia, infatti, può ricoprire un ruolo chiave nella moda responsabile contribuendo a ridurre l'impatto sull'ambiente in vari modi, migliorando ad esempio la tracciabilità dei capi, introducendo nuove tecniche di stampa e lavorazioni meno inquinanti. L'innovazione salva l'ambiente. Non siamo gli unici a dirlo o pensarlo. Per fortuna Bill Gates lo sta facendo da tanto tempo.

Cresce una corrente di pensiero verso una nuova presenza pubblica in economia a cominciare dalle infrastrutture cruciali per il vostro settore. Che ne pensa?

Si tratta sempre e soltanto di una questione di competenza. Non esiste il pubblico o il privato come assunto apodittico. Ben venga il pubblico se mette in campo grandi competenze. Credo che sia stato un bene scegliere Francesca Bria come capo del fondo dell'innovazione perché sa il fatto suo mentre magari ci sono sedicenti *venture capitalists* italiani che non hanno una idea di come si faccia realmente *venture capital*. E ne ho avuto prova. Per fortuna ho potuto conoscere il migliore, Elserino Piol, ma attorno a lui il vuoto, o pochi, pochissimi allievi.

Lei guida un gruppo multinazionale italo-inglese. Che partita sta giocando l'Europa nel contesto dei nuovi business? Ne ha la percezione? Li sostiene? Vede lo spazio per la creazione di campioni europei nei diversi settori che competono su scala planetaria?

L'Europa ha fatto sentire la sua voce, ha ritrovato un'unità, ha stanziato dei fondi e capito che deve perseguire una politica sanitaria comune, che le decisioni economiche devono trovare un bilanciamento tra rispetto delle regole e sostegno ai Paesi in difficoltà. Quanto ai campioni industriali, ben vengano aggregazioni che diano luogo a player importanti per stimolare una sana competizione con Cina e Usa.

Quanto pesa Brexit nell'evoluzione del vostro business?

Per noi Brexit è quasi ininfluente. Siamo organizzati, da sempre e da molto prima del referendum, per avere una logistica sia in Gran Bretagna sia in Europa, due piedi in due scarpe. Questo oggi è un indubbio vantaggio competitivo.

Il mondo nell'iPhone. Quanto spazio c'è ancora nei nostri cellulari? Quale sarà la prossima porzione di esistenza che verrà trasferita sul telefonino?

Sono ossessionato dal telefonino fin dagli albori e ancora adesso il mio numero è a sei cifre, è stato uno dei primi numeri. Da sempre studiamo le possibilità del telefonino per l'e-commerce. Con l'avvento degli smartphone vendiamo via cellulare merci per oltre un miliardo di euro. Nei prossimi anni il telefonino avrà evoluzioni incredibili, forse miniaturizzandosi fino a diventare un semplice chip o un *wearable*, anche se mi inquieta un po' l'idea di installare nel corpo dei microchip. La ricerca è molto avanti e su frontiere futuribili: nella Silicon Valley, ad esempio, stanno mettendo a punto delle lenti a contatto in grado di riconoscere le persone e di gestire informazioni. Insomma, direi che il device telefono è ancora primitivo. Non so se la differenza vera sarà, alla fine, nello sviluppo della parte vocale, magari azzerando i problemi legati alle differenze linguistiche. Mi sembra che la strada sia ancora lunga. Comunque, una strada c'è. E questo è quello che conta.

Carlo Messina

La ricchezza c'è, va usata

Carlo Messina è consigliere delegato e Chief Executive Officer di Intesa Sanpaolo dal 29 settembre 2013. Laureato in Economia e commercio alla Luiss di Roma, nel 1987 entra alla Bnl (Banca nazionale del lavoro) dove ricopre il ruolo di funzionario responsabile dell'Ufficio Corporate Finance – Servizio mercati primari e finanza d'impresa. Nel 1992 è in Bonifiche Siele Finanziaria (Banca nazionale dell'agricoltura) come dirigente responsabile del Servizio pianificazione e controllo strategico. Dal 1996 è funzionario responsabile dell'Ufficio pianificazione nel Banco Ambrosiano Veneto e, poi, in Banca Intesa diviene, nel 2002, direttore centrale responsabile Direzione pianificazione e controllo. In Intesa Sanpaolo, nel 2007 è direttore centrale responsabile Area governo valore, diventa Chief Financial Officer nel 2008, e nel 2012 ricopre anche il ruolo di direttore generale. Nel 2013 affianca la responsabilità della divisione Banca dei territori. Nel settembre dello stesso anno diviene consigliere delegato e Ceo, mantenendo la carica di direttore generale. Da aprile 2016, nel contesto del modello di governo societario monistico, è unico componente esecutivo del Consiglio di amministrazione.

È stato docente di Economia degli intermediari finanziari nell'ambito del Master in Business Administration presso la Scuola di management della Luiss e docente di Finanza aziendale presso la facoltà di Economia e commercio dell'università di Ancona.

Attualmente è membro del Comitato esecutivo dell'Abi, Fellow della Foreign Policy Association a New York, Visiting Fellow presso la Oxford University e, da novembre 2014, consigliere dell'Università Bocconi.

È la stagione degli investimenti. Dove? Quanto? E in che modo? È da anni che di investimenti si parla stanziando cifre che non si traducono in sviluppo. Come si può valorizzare il risparmio degli italiani in progetti per l'economia reale?

Investire significa pensare al futuro del nostro Paese. Significa pensare ai piú giovani. Investire è essenziale per aumentare i livelli di crescita e, quindi, per mantenere il nostro welfare, l'assistenza sanitaria e previdenziale che garantiamo a tutti i cittadini. Dobbiamo preservare gli standard di vita conquistati dalle generazioni passate, ora purtroppo messi a rischio. Per questo è necessaria una maggiore capacità di visione sull'Italia che vogliamo costruire nei prossimi anni.

Le risorse a disposizione devono essere spese in modo da garantire una crescita inclusiva, sostenibile, equa. Penso si debba partire dagli investimenti in capitale umano, dal nostro sistema educativo e dai giovani. Negli ultimi anni le imprese nostre clienti hanno lamentato la carenza di tecnici e ingegneri; durante la pandemia è mancato il personale medico e paramedico. Dobbiamo realizzare una migliore programmazione rispetto alle esigenze del futuro.

E poi c'è il tema delle infrastrutture di trasporto e logistiche. Diciamolo chiaramente: per anni si è investito troppo poco e, a livello pubblico, spesso male. La crisi del 2008 ha avuto un effetto negativo sugli investimenti pubblici che ha colpito tutta l'Europa, tanto da spingere la precedente Commissione a varare il Piano Juncker. Nessun Paese è rimasto escluso ma, a differenza dell'Italia, in molti Stati le reazioni sono risultate piú rapide. Non è tanto una questione di risorse disponibili. Dobbiamo migliorare capacità tecniche, progettuali e realizzative delle amministrazioni a livello centrale e locale. I processi decisionali e autorizzativi sono troppo articolati e complessi, spesso finiscono per rappresentare un freno al coinvolgimento in partnership del capitale privato.

Vedo principalmente due grandi sfide: la prima è rinnovare e adeguare le infrastrutture all'attuale domanda di cittadini, imprese, comunità; la seconda è mettere in sicurezza il nostro territorio, con una attenzione costante alla sostenibilità ambientale.

Per realizzare un ambizioso piano di rilancio degli investimenti pubblici, che rappresenterebbe anche un importante volano per l'economia, è doveroso dotarsi di una maggiore capacità di progettazione e di spesa da parte della pubblica amministrazione.

Già prima dell'emergenza sanitaria c'erano circa 150 miliardi di euro di fondi pubblici, per interventi sulle infrastrutture, bloccati dalla burocrazia, da una governance complicata e da inerzie. Il rilancio degli investimenti non può che partire da una profonda revisione dei meccanismi decisionali, da una semplificazione delle procedure, dallo sviluppo delle competenze della pubblica amministrazione nella progettazione e nella programmazione delle opere.

Il Decreto semplificazione va nella direzione giusta?

Il Decreto rappresenta un importante contributo per accelerare la spesa d'investimento. In molti richiamano il caso positivo del ponte Morandi per la rapidità di esecuzione. È stata però un'esperienza che ha potuto contare su elementi eccezionalmente positivi: una firma di prestigio come quella di Renzo Piano, un ampio consenso popolare, una ricostruzione e non un'opera nuova che si scontra con espropri, indennizzi alle comunità, eccetera.

Ci occorrono soluzioni stabili per ripetere questa esperienza positiva senza ricorrere a misure di emergenza. Dobbiamo migliorare le capacità tecniche, progettuali e realizzative delle amministrazioni centrali e locali. Alle risorse pubbliche possono e devono aggiungersi capitali privati. In questa fase non si pone infatti un tema di liquidità e disponibilità di risorse private, tutt'altro. Le banche abbinano a un approfondito know-how delle iniziative, capacità di valutazione e flessibilità gestionale. Gli investitori possono fornire una liquidità piú a lungo termine. Il coinvolgimento di risorse private richiede certezze, stabilità e semplificazione delle norme.

Un tema a lei caro: la valorizzazione del patrimonio immobiliare pubblico. Cosa deve fare il governo per raggiungere questo obiettivo?

La valorizzazione di tutta la ricchezza del Paese per me resta un tema centrale. L'Italia è un Paese ricco: abbiamo un patrimonio culturale e artistico senza uguali al mondo, le amministrazioni pubbliche detengono attivi immobiliari significativi, il risparmio privato è elevato. Le risorse disponibili devono essere valorizzate e utilizzate per generare crescita e sviluppo. Il patrimonio immobiliare pubblico è costituito da un gran numero di edifici che hanno alti costi di gestione, non eccellono in sicurezza e generano un considerevole impatto ambientale. È fondamentale migliorare la gestione e l'efficienza di parte di questo patrimonio, pensando parallelamente alla rimodulazione delle esigenze delle amministrazioni pubbliche per valorizzare gli immobili che possono essere utilizzati per altri scopi.

Per questo ho proposto di creare dei fondi immobiliari da destinare ai cittadini residenti nelle aree in cui gli immobili sono localizzati, in questo modo si unisce, da un lato, l'intendimento di preservare la ricchezza dei territori, dall'altro, la necessità di valorizzare le risorse disponibili allocandole nel migliore dei modi.

È vero che in giro ci sono piú capitali che opportunità?

Il mondo è pieno di opportunità. Basta riflettere sui bisogni esistenti e quelli che si creeranno nei prossimi anni: digitalizzazione, transizione ambientale, effetti dell'invecchiamento della popolazione.

Nel digitale, come Paese, siamo agli ultimi posti in Europa. Dobbiamo migliorare le connessioni, diffondere la digitalizzazione tra i cittadini e le piccole e medie imprese. Molti settori economici trarrebbero beneficio da ampi processi di connessione: sarebbe utile avere una pubblica amministrazione 4.0, una giustizia 4.0 con atti giudiziari telematici e altre innovazioni.

Bisogna favorire la transizione verso un sistema produttivo basato sull'economia circolare, in grado di riciclare gli scarti e i residui di produzione (gli imballaggi per esempio) e di ridurre le emissioni e l'inquinamento. Se diventassimo leader in queste buone pratiche – in alcune delle quali ricopriamo già posizioni ragguardevoli – saremmo di esempio per tutti i Paesi del mondo, anche per Cina, India e Stati Uniti che sono i blocchi geografici che producono piú inquinamento.

Ne trarrebbero vantaggio la salute e la qualità dell'ambiente, ma potremmo anche aumentare le nostre esportazioni di prodotti e tecniche produttive green verso l'Asia e altri Paesi che certamente registreranno un aumento della domanda.

L'Europa è pronta a intervenire con finanziamenti e sovvenzioni, a patto che gli Stati membri pongano tra le loro priorità il digitale e l'economia verde. Dobbiamo cogliere questa opportunità, non perché «ce lo chiede l'Europa», ma nel nostro interesse.

A pandemia finita resterà una montagna di debito. È un problema: come sarà possibile gestirlo e ridurlo senza sconquassi per i cittadini o rischi sui mercati?

Non c'è dubbio che questa crisi stia aggravando una tendenza che aveva già subito un'accelerazione con la grande crisi finanziaria del 2008. A partire da allora si è verificato un travaso di debito dal settore privato a quello pubblico. Oggi il debito viene creato per evitare la crisi sociale legata alle politiche di contenimento della pandemia. L'inevitabile effetto è però un incremento del debito pubblico che interessa sia i Paesi avanzati, sia quelli emergenti. Secondo il Fondo monetario internazionale nel biennio 2020-21 il debito salirà di 16,7 punti percentuali nei Paesi avanzati e di oltre 11 punti percentuali negli emergenti. Il livello medio nei Paesi avanzati salirà quindi intorno al 122%.

Diversamente da 10 anni fa, il sistema è culturalmente piú preparato ad accettare le politiche necessarie a evitare che questi livelli di debito conducano a nuove crisi. Le banche centrali hanno prontamente riattivato e potenziato i programmi di acquisto di titoli e garantiscono tassi di interesse bassi, talora perfino negativi. Anche la Banca centrale europea, malgrado i maggiori vincoli che ne limitano l'azione, sta intervenendo energicamente nella stessa direzione. Oltre ad aumentare la dimensione del suo programma di acquisto, l'App (Asset Purchase Program), la Bce ha attivato un nuovo programma temporaneo, il Pepp (Pandemic Emergency Purchase Program), con un limite attuale di ben 1350 miliardi di euro. L'aspettativa è che tale strategia prosegua in maniera aggressiva, fino a quando l'inflazione resterà bassa. Nell'area dell'euro, la situazione è complicata dal fatto che Paesi caratterizzati da livelli di debito molto diversi condividono la stessa moneta. I Paesi con debito piú alto rischiano di perdere sempre piú terreno, in assenza di meccanismi compensativi. Per questo è importante che il piano europeo per la ripresa sia approvato.

A cosa devono servire i recovery bond?

Next Generation EU, cioè il piano europeo per la ripresa, serve proprio a evitare che la crisi accentui ancora di piú la divergenza fra i Paesi ad alto debito e quelli a basso debito. E faccia rivivere l'incubo dello spread.

Una prima divergenza è emersa durante la crisi. Diversi Paesi ad alto debito sono stati obbligati dalla crisi pandemica ad adottare misure di confinamento protratte e severe, con forte impatto economico. In generale, i Paesi piú ricchi hanno potuto gestire l'emergenza in modo piú flessibile, anche perché i loro sistemi sanitari erano piú attrezzati per le emergenze e con maggiori capienze.

La seconda divergenza è emersa anch'essa durante la crisi. I Paesi a basso debito hanno piú spazio fiscale, e quando tutto il piano di rilancio era delegato agli Stati, hanno saputo adottare misure di sostegno piú ampie rispetto ai Paesi ad alto debito. Paradossalmente, gli Stati economicamente piú colpiti sono quelli che hanno potuto adottare misure di stimolo meno forti.

Ora rischiamo di vedere una terza divergenza, legata alle politiche di rilancio. Senza misure di salvaguardia che garantiscano l'accesso al mercato a costi ragionevoli a tutti gli Stati membri, la ripresa dei Paesi ad alto debito rischia di essere sbilanciata. I Paesi finanziariamente piú solidi non soltanto emergeranno prima dalla crisi, ma accumuleranno ancora piú vantaggio competitivo, perché potranno permettersi di investire di piú e mantenere imposte piú basse. A lungo andare, tutto ciò rischia di rendere insostenibile la stessa Unione monetaria. E a volte temo che questo aspetto non sia sufficientemente chiaro nella discussione pubblica in Italia. Il piano europeo per la ripresa avrà successo se passerà il concetto che la quota di trasferimenti deve essere prevalente, e se le risorse saranno utilizzate per attuare investimenti e riforme che migliorino il potenziale di crescita dei Paesi ad alto debito.

L'Italia deve usare il Mes?

Il Pandemic Crisis Support del Mes garantisce risorse fino al 2% del Pil italiano a un costo largamente inferiore a quello richiesto dal mercato al Tesoro italiano per le stesse scadenze. L'unica condizione è che le risorse siano utilizzate per finanziare spesa sanitaria, anche indiretta. Se viene utilizzato per finanziare spesa già programmata (un aspetto che si tende a considerare poco), può consentire risparmi di alcuni miliardi di euro nell'arco di un decennio. Ma potrebbe anche essere un'occasione per finanziare investimenti nella sanità trascurati negli ultimi anni, evitando di comprimere ancora di piú la spesa corrente.

Dunque, andrebbe usato?

Ripeto: potrebbe essere un'occasione.

Pil, quanto ci vorrà per tornare ai livelli (purtroppo non eccelsi) del pre-virus?

A giudicare dalle proiezioni che vengono pubblicate in questo periodo, è possibile che occorrano anni per tornare ai livelli del Pil pre-crisi. Il rimbalzo atteso nel secondo semestre 2020 e nel 2021 sarà probabilmente robusto, ma si confronta con una caduta dalle proporzioni del tutto eccezionali.

La ripresa non si manifesterà con la stessa velocità in tutti i settori. Per alcuni, il ritorno ai livelli pre-crisi potrebbe essere rapido. Per altri, il ritorno allo stato pre-crisi potrebbe richiedere molti anni.

Tuttavia, il copione non è scritto. Le prospettive dipendono dalla qualità delle scelte di politica economica che saranno compiute in Italia nei prossimi mesi, e dall'esito dei negoziati in corso sul piano europeo per la ripresa. Quest'ultimo potrebbe compensare gli effetti negativi sulla domanda dell'inevitabile risanamento fiscale che il governo dovrà avviare per frenare la crescita del debito.

Ma ripeto: molto dipenderà da noi, dalla nostra capacità di trasformare questa pandemia in una stagione di riforme economiche e di rilancio della nostra economia. L'Europa ci sarà vicina perché l'Europa si rafforza se l'Italia si rafforza.

Il vero rischio sembra sia lo scostamento tra la finanza e l'economia reale, le Borse segnano i record, la produzione cala e l'occupazione rischia. Qual è la percezione che ha lei?

Diversamente da quella del 2008, questa crisi non ha nulla a che fare con la finanza. In questa occasione, la finanza è un pezzo della soluzione. Come parte fondamentale del nostro sistema bancario stiamo facendo di tutto per garantire la continuità aziendale delle imprese, per attenuare gli effetti sui redditi delle famiglie.

A proposito di banche, il virus spingerà a nuove concentrazioni?

La pandemia, con i suoi effetti sull'economia e sui comportamenti dei clienti bancari, può essere il catalizzatore di un riavvio del processo di concentrazione considerato di per sé necessario e che già era sul tavolo delle strategie delle banche. In Italia la dimensione è in generale un punto di debolezza. Lo sappiamo: riguarda l'intera economia. Quindi, per certi aspetti, la frammentazione del settore bancario italiano può rispecchiare quella del tessuto delle imprese, soprattutto a livello territoriale. Tuttavia, la pandemia sta accrescendo la consapevolezza, anche presso le imprese, che piccolo non è sempre bello.

Dove si colloca l'Italia delle banche se confrontata con l'Europa?

Il confronto europeo è chiaro e ci consegna la fotografia di un sistema bancario italiano poco concentrato. Ai primi 5 gruppi bancari italiani si riconduce meno della metà del mercato dei prestiti e della raccolta da clientela, rispetto all'83% dei depositi in Francia e addirittura al 100% dei mutui, e al 70% circa sia dei prestiti sia dei depositi in Spagna.

Intesa Sanpaolo è impegnata nell'Ops (Offerta pubblica di scambio) verso Ubi. Chi la contesta dice che cosí la sua banca diventa troppo grande e impedisce la nascita del possibile terzo polo bancario in Italia.

Ancora una volta è utile il raffronto europeo. Per quanto concerne la posizione di leadership di Intesa Sanpaolo in Italia, vorrei far notare che i principali sistemi dell'area euro, a eccezione della Germania, presentano operatori bancari leader con quote di mercato superiori. In Francia, Crédit Agricole ha una quota del 27% sui depositi e del 37% sui mutui. In Spagna, il Banco Santander detiene il 20% circa sia sui depositi sia sui prestiti. In Olanda, Rabobank opera con una quota di mercato del 33% sui depositi e del 21% sui mutui.

La condizione italiana rappresenta un punto di attenzione non solo per il settore bancario, ma anche per l'intera economia, di fronte alle sfide dei cambiamenti tecnologici e del modello di servizio sempre piú completo che le banche devono adottare in un contesto dove l'utilizzo dei canali digitali è rapidamente in crescita e la competizione si gioca anche con le Bigtech e le piú agili e innovative Fintech. È chiaro che la capacità di operare a tutto campo in un tale contesto è legata alla dimensione. In particolare, gli investimenti necessari sono molto rilevanti, non solo dal lato dei canali e dei servizi alla clientela, ma anche sul fronte dei processi interni che vanno ripensati alla luce delle nuove tecnologie.

Ancor piú, la drammatica emergenza sanitaria, sociale ed economica che ha investito l'Italia con la pandemia richiede banche forti, radicate sui territori ed efficienti, capaci di porsi a supporto attivo del rilancio dell'economia nazionale e di giocare un ruolo di primo piano anche a livello europeo, al pari dei leader di mercato degli altri Paesi.

Proprio il canale delle banche è stato prescelto per la gestione dei prestiti garantiti dallo Stato. Nella fase iniziale, quella piú decisiva, il meccanismo non è stato all'altezza. Qual è il bilancio dal suo punto di vista?

Le banche svolgono un ruolo centrale sia nel canale di trasmissione delle misure di politica economica, sia come autonomo motore di supporto all'economia reale. Su propria iniziativa, hanno da subito attivato sostegni immediati alla liquidità di famiglie e imprese. Mi riferisco alle moratorie e ai plafond di finanziamenti dedicati. A queste sono seguite le misure *ex lege*. L'obiettivo immediato era chiaro: garantire la continuità aziendale delle imprese e supportare il reddito delle famiglie.

Gli interventi adottati su iniziativa delle banche e di provvedimenti governativi vanno considerati nel loro complesso, guardando non solo ai crediti con garanzia pubblica, su cui c'è stato un vasto dibattito. Le moratorie sui crediti sono state cruciali. Hanno consentito da subito la sospensione di pagamenti di rate e canoni leasing, insieme al congelamento di prestiti in scadenza e di finanziamenti revocabili. Abbiamo dato immediato sollievo alla liquidità di imprese e famiglie. Si stima che la sospensione del flusso di pagamenti e dei rimborsi verso il sistema bancario da parte delle imprese ammonti a circa 30 miliardi. Ciò ha evitato che temporanei problemi di liquidità si traducessero in crisi di insolvenza.

I prestiti garantiti dallo Stato rappresentano un secondo step, forniscono nuovo sostegno finanziario con un orizzonte oltre l'immediatezza. Le misure legislative hanno avuto un'implementazione che ha risentito di alcune difficoltà legate ad aspetti operativi e legali. Una volta superate, il numero di pratiche processate e gli importi erogati sono andati a regime. Nell'arco di circa tre mesi, sono pervenute alle banche piú di 2,6 milioni di richieste di moratoria da imprese e famiglie, per oltre il 90% già approvate a fine giugno e solo per il 5% ancora in corso di esame a quella data. Le richieste di finanziamenti garantiti dal Fondo centrale per le piccole e medie imprese ricevute dalle banche hanno superato le 970mila, di cui oltre 850mila di importo fino a 30mila euro. Per questa categoria, la percentuale di finanziamenti erogati è in rapido aumento, pari all'83% delle richieste alla data del 26 giugno, rispetto al 63% di un mese prima.

Di fronte ai numeri eccezionali, bisogna considerare che anche le banche hanno subito le conseguenze operative dei provvedimenti di distanziamento sociale e del lockdown, ma la risposta è stata pronta e responsabile. Le persone di Intesa Sanpaolo hanno lavorato con grande impegno e generosità. Le nostre filiali sono state sempre aperte, con una rimodulazione degli orari e nuove modalità di accesso su appuntamento. Per tutto ciò, sono convinto che le banche sono parte della soluzione di questa crisi economica e sociale senza precedenti.

Perché privilegiare il credito e non il mercato ad esempio?

In una fase di emergenza come questa, con il contesto di estrema incertezza, è una strada obbligata: il canale del mercato resta piú complesso e meno rapido. Le prossime misure dovranno introdurre opportuni incentivi per il rafforzamento della patrimonializzazione delle imprese, che potrà risultare indebolita in aggregato. Bisogna evitare di disperdere i miglioramenti realizzati negli ultimi anni. Anche su questo fronte le banche sono in grado di fare la propria parte.

Giuseppe De Rita del Censis dice che si è scelta la strada delle sovvenzioni ad personam. C'è il rischio di una deriva assistenzialistica dovuta alle misure di pronto soccorso decise allo scoppiare dell'emergenza sanitaria?

De Rita ha sollevato una questione di notevole rilievo: lo Stato non può sovvenzionare le persone, distinguendole tutt'al piú per categorie in condizioni di bisogno grave o ancora piú grave. Anche perché, specialmente in una situazione di grande emergenza, le risorse pubbliche non basterebbero mai. Credo che il valore da mettere in gioco venga invece dalle persone – individualmente con senso di imprenditorialità e socialmente con senso di mutuo aiuto –

cosí come deve venire dallo sforzo delle imprese di crescere e di aumentare l'occupazione. Il nostro ruolo, quello della banca, è utilizzare il risparmio che ci affida la comunità come strumento per la realizzazione economica e civile di un Paese. Un prestito impact è un potente incentivo rivolto alle categorie con potenzialità ma non merito di credito secondo i canoni tradizionali. Può diventare un intervento risolutore nel far realizzare un progetto di vita sollecitando allo stesso tempo la responsabilità della restituzione; penso allo studente che ottiene un nostro prestito fino a 50mila euro senza alcuna garanzia, a tasso basso e da restituire in 30 anni. Non solo avrà ricevuto una grande manifestazione di fiducia, ma anche un riconoscimento del suo essere cittadino adulto, diritti e doveri inclusi. In questo senso il credito, a differenza dell'intervento a fondo perduto, non correrà il rischio di diventare assistenzialismo, proprio perché si basa sull'attesa della restituzione. Alla banca viene richiesto un salto qualitativo verso nuovi modelli di valutazione dove la sostenibilità è un elemento prospettico e non statico, un film anziché la fotografia del presente.

La sua banca ha donato 100 milioni e ha organizzato a Bergamo, luogo piú colpito dalla devastazione del virus in Italia, il Progetto Rinascimento con altri finanziamenti a fondo perduto. La pandemia ha scatenato una corsa alla solidarietà. È la stagione dell'economia del dono che il papa suggerisce come grande ripensamento anche culturale e dottrinario?

Vorrei provare a darle una risposta piú ampia, e per farlo ricorro all'Impact Continuum, una classificazione utilizzata dal G8 che ha il pregio di inquadrare ogni forma di finanziamento sui due assi cartesiani: del profitto e dell'impatto sociale. Una banca delle nostre dimensioni, tradizione e responsabilità verso il Paese è chiamata a esercitare tutte le attività lungo l'intero arco che va dal credito ordinario alla donazione. Abbiamo poi una peculiarità, lo sviluppo di un altro potente strumento: il credito di inclusione, destinato a superare le inevitabili rigidità dei modelli classici basati sul rating per rivolgersi ai cosiddetti «primi esclusi». In questa categoria multiforme si trovano, ad esempio, tante realtà dell'economia sociale, forti di un patrimonio immateriale ma sprovviste degli asset reali necessari per accedere al credito. E proprio di lí abbiamo cominciato con l'attività di Banca Prossima – unico istituto dedicato al mondo del no-profit – per poi lanciarci oltre: oggi, grazie al Fund for Impact abbiamo la possibilità di servire persone, famiglie e imprese che si trovano allo stesso tempo in condizioni di fragilità, ma anche di grande potenziale per sé e per il Paese. Finanziare grazie al Fund for Impact gli studenti universitari, l'occupazione femminile, l'accesso alla pensione è un altro modo di lavorare per l'Italia, e va oltre gli interventi piú propriamente filantropici. E tengo infine a dire che per una banca l'impiego di tutte queste leve è anche uno strumento prezioso nel tempo: aiuta a cambiare i propri modelli di valutazione e a mirare le risorse nel migliore dei modi. Questo significa da un lato destinare la beneficenza solo a progetti che non hanno una sostenibilità, neanche prospettica, e dall'altro usare il credito verso chi proprio attraverso un prestito di inclusione diventerà un soggetto pienamente sostenibile per Intesa Sanpaolo e per tutto il sistema bancario. È in un certo senso un'impostazione pubblicistica, eppure coerente con la nostra visione del profitto.

Il virus ha imposto con grande evidenza anche un ripensamento della sanità. Come si può tradurre in leva per la crescita?

È chiaro che la pandemia ha acceso i riflettori sul sistema sanitario italiano e ne ha evidenziato punti di forza e di debolezza.

I tagli alla finanza locale degli ultimi 10 anni hanno inciso profondamente sul modello di welfare del nostro Paese, non solo la sanità, ma anche i servizi socio-assistenziali. L'integrazione tra la filiera della salute e quella della prevenzione e dell'assistenza socio-sanitaria territoriale è rimasta parziale e ha rappresentato uno degli aspetti piú critici nella fase dell'emergenza epidemiologica.

I maggiori tagli di spesa si sono registrati sul fronte della spesa per investimenti – piú facilmente differibili e comprimibili – ma significativi sono anche gli effetti sulla spesa corrente e in particolare sui servizi sociali. Parallelamente, si è sviluppato un significativo fabbisogno di personale sanitario, frutto sostanzialmente del blocco del turnover, con la parziale sostituzione dei lavoratori in uscita, cui si è associato un progressivo invecchiamento del personale: l'introduzione di Quota 100 ha implicato il passaggio alla pensione per un numero consistente di operatori sanitari.

La sanità è stata a lungo percepita come un costo su cui intervenire con tagli progressivi e necessità di contenimento piuttosto che come opportunità di crescita e sviluppo per il sistema Paese.

La filiera della salute ha un ruolo strategico per lo sviluppo economico, produttivo e sociale dell'Italia. La quantità delle risorse coinvolte nella produzione di beni e servizi rivolti alla salute ha raggiunto una posizione di primo piano nella formazione del valore aggiunto: in Italia la spesa sanitaria complessiva (pubblica e privata) è pari all'8,8%

del Pil, un punto percentuale in meno rispetto al 9,8% della media europea. La spesa sanitaria è finanziata per circa tre quarti con fondi pubblici, mentre la parte restante è privata. Il settore è strategico per l'economia perché si connota per una forte trasversalità ed è in grado di attivare la produzione di beni e servizi appartenenti a diversi comparti dell'economia nazionale. Non si sottolinea mai abbastanza quanto sia rilevante il peso degli acquisti «a maggior valore aggiunto», in cui la tecnologia e l'innovazione sono essenziali. Inoltre, la sanità è un settore essenzialmente non delocalizzabile: la prossimità della cura è un elemento nella maggior parte dei casi imprescindibile a differenza di quello che succede per i settori manifatturieri. La sanità è anche un settore *labour intensive* che richiede competenze elevate. È quindi indispensabile accrescere i flussi di investimento, sia per fronteggiare le esigenze dei prossimi anni, sia per cogliere le opportunità che la sanità può generare sugli altri comparti dell'economia.

Lei ha proposto la creazione di social bond per spostare la liquidità verso l'economia reale. Che risposta ha avuto?

Ho proposto di incanalare una quota maggiore della ricchezza delle famiglie per finanziare l'azione di rilancio dell'economia italiana e supportare le tante imprese che meritano di raccogliere capitale di rischio per investire ed espandersi.

Vedo spazi per rafforzare la quota di possesso diretta e indiretta del debito pubblico da parte delle famiglie. Voglio chiaramente ribadire che qualsiasi strategia di questo tipo deve essere realizzata a condizioni di mercato e non avere carattere forzoso. Ogni ipotesi di repressione finanziaria deve essere esclusa.

Ho apprezzato il collocamento del Btp Italia e del Btp Futura, ma penso sia possibile fare di piú. Le imprese hanno bisogno di capitale di rischio; le famiglie sono alla ricerca di rendimento dati i bassi tassi di interesse sui titoli di Stato. Se coniughiamo in modo intelligente queste due esigenze, i risparmiatori italiani potranno avere soddisfazione in termini di rendimento dei propri risparmi e le imprese rafforzare la solidità patrimoniale.

Ha proposto anche forme di rientro dei capitali da investire in titoli di Stato...

Ho richiamato il mondo imprenditoriale italiano a contribuire al rilancio del proprio Paese in una fase di emergenza. Ci sono ancora 100-200 miliardi di euro di risparmio italiano all'estero. È il momento di farli rientrare e dimostrare di credere nel proprio Paese.

Nello stesso filone c'è il capitolo delle aziende che hanno trasferito la sede all'estero per ottenere vantaggi fiscali. L'emergenza sociale rappresenta l'opportunità di voltare pagina e affermare l'orgoglio di essere italiani. Ritengo che pagare le tasse nel proprio Paese di origine sia motivo di equità e soddisfazione.

Dal suo osservatorio che tipo di capitalismo vede in Italia? C'è un problema dimensionale delle imprese, di paradigma tecnologico, di sovraesposizione all'export, di capacità di investimento? È pronto per la ripartenza?

In Italia gran parte delle imprese è ancora di tipo familiare, generalmente di dimensioni medio-piccole. Molte di queste lavorano all'interno di filiere di prossimità, guidate da capofila che attivano un numero elevato di fornitori e terzisti locali e tendono a instaurare rapporti produttivi strategici e duraturi. Grazie alle filiere siamo riusciti a competere con successo sui mercati esteri, nonostante le ridotte dimensioni aziendali delle imprese italiane, soprattutto nel confronto internazionale. L'emergenza in corso ha confermato quanto le filiere siano strategiche: abbiamo lavorato per conservarle ed evitare interruzioni delle forniture.

Superata l'emergenza questa sarà ancora una linea guida della nostra azione. È importante sostenerle, evitare sfilacciamenti e, laddove si sono indebolite, intervenire per ricreare le condizioni ideali per un nuovo sviluppo. La nostra Banca crede molto nelle filiere e da anni le sostiene con un'offerta dedicata, diretta a valorizzare ogni anello della catena di fornitura.

Tutto questo però potrebbe non bastare nel nuovo contesto competitivo. La crisi sanitaria sta portando a un'accelerazione dei processi di digitalizzazione, un sempre maggior ricorso all'automazione, nella gestione sia degli stabilimenti produttivi sia della logistica, un aumento delle attività realizzabili in remoto, un diffuso ricorso allo smart working. Gli investimenti in tecnologia possono essere anche favoriti dal passaggio generazionale che, se ben gestito e programmato, può rappresentare un'importante opportunità di rilancio e rinnovamento nella vita aziendale. Nei prossimi anni circa un'impresa italiana su dieci potrebbe essere interessata dal ricambio generazionale.

Gli investimenti tecnologicamente avanzati richiedono mezzi propri per essere finanziati. Negli ultimi dieci anni il grado di patrimonializzazione delle imprese italiane si è significativamente rafforzato; resta tuttavia un ampio divario con i nostri principali concorrenti europei: va colmato.

Esiste un legame stretto fra patrimonializzazione e competitività. Abbiamo evidenza empirica che al crescere della propensione degli azionisti a farsi carico di piú rischio con capitali propri, salgono produttività, investimenti, innovazione e internazionalizzazione.

Sono convinto che l'economia italiana abbia in sé le risorse non solo per ripartire, ma anche per accelerare il trend di crescita rispetto al recente passato.

La manifattura vive di export. Ma il mondo è in fase di assestamento, con nuovi protezionismi e nuovi blocchi. Basterà ancora in futuro?

Non possiamo piú permetterci di basare la nostra crescita unicamente sul canale estero, che resta fondamentale, ma non sufficiente. Per questo è necessario creare un ambiente favorevole agli investimenti e ai consumi, che passa anche attraverso un mercato del lavoro in salute e la valorizzazione del capitale umano.

La presenza dello Stato nell'economia. Cresce la corrente di pensiero di chi vorrebbe una nuova Iri. Alcuni (Prodi, ad esempio) pensano a una presenza nell'equity delle imprese strategiche senza esercizio di poteri di governance. Altri nel governo arrivano a preconizzare nazionalizzazioni con l'alibi della protezione dei gioielli della corona... Qual è la sua opinione?

Il ruolo dello Stato in un'economia di mercato è fondamentale. L'esperienza della pandemia ha mostrato ancora una volta l'importanza di una diffusa rete sanitaria pubblica e della presenza di meccanismi di emergenza per la tutela dei redditi delle famiglie in difficoltà e per consentire la ripartenza difendendo l'integrità dell'apparato produttivo oggettivamente a rischio in molti settori.

Un tema cruciale in questa fase è la capitalizzazione delle imprese e anche in questo caso lo Stato può dare il suo contributo, con incentivi agli imprenditori perché immettano mezzi propri, e in alcune situazioni anche attraverso l'immissione di fondi nel capitale, sempre che il ruolo strategico delle imprese lo giustifichi. Il periodo di investimento deve tuttavia essere limitato, la partecipazione deve essere di minoranza e non ci deve essere intromissione nella gestione.

Il numero delle grandi imprese nel nostro Paese è già troppo limitato per perderne altre. Le grandi imprese sono normalmente capofila di ampie filiere di subfornitori di piccole e medie dimensioni: la tutela dei grandi è il prerequisito perché molte piccole e medie imprese possano prosperare.

I principali Paesi difendono le loro grandi imprese. Spesso si pensa alla Francia, che ha fatto della politica dei campioni nazionali un modello di strategia di politica industriale. Ma anche la Germania opera in una direzione simile, e spesso gli Stati Uniti, dove lo Stato ha un ruolo inferiore nell'economia rispetto all'Europa, intervengono con decisione quando necessario.

Il capitale è poi oggi fondamentale per intraprendere un nuovo modello di sviluppo, piú attento all'ambiente e alla sostenibilità. Servono ricerca e sviluppo, riconversioni degli impianti piú inquinanti con nuove tecnologie. La green economy è una grande opportunità di crescita per il nostro Paese. Le grandi imprese, in interazione con le startup e le Pmi innovative, saranno le protagoniste e lo Stato non può sottrarsi dal dare il suo contributo.

Nel nuovo modello di sviluppo entra anche il tema produttività. Ne abbiamo persa molta nella fase del lockdown, in un Paese dove tradizionalmente è stagnante da decenni. Come si fa, per dirla alla Stiglitz, «a non perdere l'occasione di questa crisi», vale a dire a cambiare le cose?

Il dibattito sulla stagnazione della produttività italiana non mi appassiona particolarmente. Incrementare la produttività vuol dire essenzialmente fare le stesse cose con minori risorse, ma questo non porta necessariamente ad essere piú competitivi. Sicuramente abbiamo molto da migliorare, soprattutto nell'ambito dell'efficienza della pubblica amministrazione o in alcuni servizi meno esposti alla concorrenza, ma quello che posso vedere, dal mio osservatorio, è che l'Italia è uno dei Paesi manifatturieri piú competitivi al mondo, che ha saputo trasformarsi in modo straordinario negli ultimi decenni, reagendo meglio di altri alle sfide poste dalla crescita della concorrenza cinese e di altri Paesi a basso costo del lavoro. Ci siamo spostati sempre di piú su prodotti di alta qualità e abbiamo uno dei saldi manifatturieri (al netto dei prodotti petroliferi) piú elevati al mondo.

Non ci dobbiamo, però, fermare: per restare a Stiglitz, la crisi attuale deve essere l'occasione per compiere un ulteriore salto in avanti per cercare nuovi prodotti e nuovi business. L'Italia, nonostante la stagnazione della produttività che emergerebbe dalle statistiche, si è conquistata un ruolo di rilievo come piattaforma produttiva europea per uno dei settori chiave dei prossimi anni, come la farmaceutica. L'ampio avanzo commerciale registrato nel 2019, pari a 3,6 miliardi euro, descrive bene i successi ottenuti in ambito internazionale. Siamo, poi, ben posizionati in alcuni ambiti delle produzioni green che avranno un fortissimo sviluppo nei prossimi anni, grazie anche al supporto del sistema finanziario e bancario sempre piú consapevole dei rischi, anche economici, connessi alle attività piú inquinanti.

Superata la fase piú critica, occorre soprattutto far ripartire gli investimenti: capisco che gli imprenditori oggi siano prudenti di fronte alle incertezze dello scenario, ma se la strada è in salita non si può togliere il piede dall'acceleratore. Investire nell'innovazione, per cogliere i vantaggi delle nuove tecnologie digitali, migliorare le nostre performance in termini di economia circolare, investire sulle persone e sulla creatività, che sono il nostro vero vantaggio competitivo, diventa ancora piú importante dopo il trauma della pandemia.

Ottimismo è una parola spendibile o è vietata secondo il vecchio adagio einaudiano per cui un banchiere non può permettersi mai di essere fiducioso o ottimista?

Un ragionevole ottimismo è essenziale per la ripresa e per il progresso. L'essere umano impara dagli errori del passato. Lo dimostra il comportamento delle banche centrali che hanno reagito con misure straordinarie non appena è emersa la portata dei guasti causati all'economia dal coronavirus, e garantito la stabilità finanziaria. Ho visto molti progressi anche a livello europeo. La rete di sicurezza è stata rinforzata con una rapidità che non avevamo visto durante la crisi del debito. A fine maggio la Commissione ha presentato una proposta che crea una grande discontinuità rispetto al passato: prevede emissioni europee per importi mai visti prima, e introduce un meccanismo di trasferimenti fra Stati membri, sebbene *una tantum*.

Ci focalizziamo sempre sui punti di debolezza dell'economia italiana. Ma ricordiamoci la nostra capacità di rialzarci anche dopo crisi peggiori di quella attuale. Il basso livello di indebitamento privato, la forte coesione familiare, un'ampia ricchezza finanziaria delle famiglie, un terzo settore tra i più attivi al mondo e la presenza di eccellenze nella produzione possono essere i nuclei da cui ripartire. Il passato dimostra che, di fronte alle emergenze, siamo bravi ad adattarci e a trovare soluzioni.

Ma non sempre e non tutto può essere spontaneo e lasciato al caso. Da solo, l'ottimismo non basta. Occorre un indirizzo, una strategia, un piano che orienti i cittadini, le imprese e l'azione del settore pubblico.

Renzo Rosso
La moda del senso civico

Renzo Rosso è fondatore di Diesel, azienda di abbigliamento di rilevanza mondiale (soprattutto per i jeans), e presidente e azionista di Otb (Only The Brave), la holding a cui fanno capo i marchi di moda Maison Margiela, Marni, Viktor & Rolf, Amiri, e le aziende Staff International (produttore e distributore di marchi del lusso in licenza) e Brave Kid (produttore e distributore di linee di abbigliamento per bambini). Fondatore dell'organizzazione no-profit Otb Foundation, presiede anche la società Red Circle Investments, e la Diesel Farm di Marostica. Nella classifica di Forbes è indicato come il 12° uomo piú ricco d'Italia con un patrimonio stimato in 4,1 miliardi di dollari.

Che cos'è la moda, il lusso dopo il coronavirus? Frugalità, essenzialità, recupero dei mitici valori?

È la domanda delle domande. Ma dobbiamo partire da un punto: faremo i conti ancora per un periodo di tempo non breve con la convivenza con il virus. Il mondo ha rallentato. Tutto è stato un po' frenato. E non è del tutto un male: possiamo assaporare la bellezza, la contemplazione con tutto il tempo che richiede. Dobbiamo fare i conti con l'abbandono della frenesia del tutto e subito che ci ha accompagnato negli ultimi anni. Per la moda significherà meno sfilate, meno red carpet, meno mondanità e socialità. E certo servirà anche a recuperare i valori profondi che, diciamo la verità, la cultura corrente ha smarrito. A cominciare dall'idea positiva dell'interesse comune, del senso civico e di comunità.

E cosa significherà per le produzioni?

Dopo la pandemia i movimenti che si erano formati per cambiare i ritmi della moda ritengono di avere ulteriori motivazioni: l'idea è quella di non limitarsi alle collezioni legate alle stagioni tradizionali, ma di seguire una sorta di calendario personalizzato. Forse può avere un qualche senso per i piccoli produttori colpiti piú di altri dall'impatto del virus. Ma non è facile immaginare questa flessibilità per l'intero settore. Soprattutto i brand piú grandi hanno difficoltà a modificare le scansioni delle collezioni; hanno tantissimi negozi, sia fisici sia virtuali, i department store, i *malls* e vanno alimentati con produzioni che possano tenere viva in continuazione l'attenzione del consumatore. Stiamo attenti: è facile fare proclami magari solo per creare attenzione.

Semmai è sugli sconti che bisogna intervenire.

Farli o eliminarli?

Oggi c'è una situazione di sconti selvaggi e proliferano le iniziative imposte dall'e-commerce tipo il Black Friday. C'è talmente tanto prodotto in giro che le diverse modalità di distribuzione – department store, e-commerce – non seguono le tue politiche di prezzo. Si possono fare degli agreement con la distribuzione, ma non sono sempre in linea con le aspettative di noi produttori. Basta che un singolo negozio faccia una deroga e questo diventa un *benchmark* per chi acquista online e quindi crea alla fine una distorsione. Se si riuscisse ad avere meno prodotti e, diciamolo con franchezza, piú onestà verso il consumatore, sarebbe la cosa piú grande che potremmo fare in questo post-pandemia. Credo che gli sconti vadano limitati a periodi ben identificati e limitati: è un modo per difendere il valore del prodotto, per rispettarlo, direi. Se ne discute da tempo, ma dipende da quanto riusciremo a convincere i grandi player della distribuzione che hanno cosí tanto potere. Chi potrà darci una grossa mano sono i grandi brand del lusso che hanno potere per dettare condizioni che poi via via si applicano anche ai soggetti meno forti di tutto il settore.

Non basta una nuova politica di sconti.

Le nostre collezioni subiranno trasformazioni profonde. Meno giochi della moda per la moda, meno red carpet, meno glamour e socialità significa che faremo sí collezioni belle, di lusso, ma solo innalzando ancora di piú la qualità. Penso a prodotti 100% cashmere, o denim superlavorati con dentro anche lino o seta. Non è vero che i prodotti diventeranno meno cari, ma chi è abituato a comprare prodotti belli al giusto prezzo (anche alto) lo farà ancora. Semplicemente non comprerà stravaganza, ma sobrietà.

Il virus, per paradosso, colpirà piú le grandi catene ultrapopolari che hanno la cultura del cambio continuo dell'assortimento rispetto alle grandi case che punteranno sulla rarefazione e sull'alto di gamma?

A quel livello, il consumo è di necessità. Le catene di quel tipo non possono puntare sulla qualità, ma sul prodotto che imita la moda su standard molto piú bassi. Ma se la moda o il lusso diventano sobrietà e valore, potenzialmente quei soggetti potrebbero venire segnati dal cambiamento. Queste grandi catene esistono perché esistono i brand. Se questi cambiano strada allora ci sono rischi per loro. L'unica via di scampo sarebbe quella di creare la loro etichetta, che oggi non hanno.

La fuga nella qualità può significare innalzamento dei prezzi per tenere o aumentare i margini, magari riducendo i compratori? È anche questo il nuovo lusso?

Non direi. Il nuovo lusso è la sostenibilità. Che, come è noto, costa di piú. Ma si paga il valore aggiunto della cura, della scelta dei materiali, dei processi produttivi, dell'attenzione alla qualità, anche delle condizioni dei lavoratori. I consumatori lo hanno capito e lo gradiscono. Un dato? Le nostre linee che puntano tutto sulla sostenibilità nell'ultimo dato di vendite online sono tutte sold out. La gente lo ha capito: il coronavirus è gemello dell'impazzimento del clima e dello smog delle città. L'investimento in sostenibilità invece è il bello della nostra contemporaneità: è l'anima verde, l'anima pulita e ci consente di fuggire da questa maledetta contaminazione tra virus e inquinamento.

Noi, come italiani, su questo potremmo fare davvero qualcosa di epocale e di fantastico. A partire dalla scelta delle priorità di investimento da parte del governo: dovremmo creare le condizioni per riportare intere filiere nel nostro Paese e valorizzare il vero made in Italy. Basterebbe garantire a chi riporta le produzioni in Italia qualche anno di sgravio fiscale e contributivo, ad esempio. Creeremmo occupazione su grande scala, potremmo far crescere i brand e far crescere tutta l'economia del Paese. Ci sarebbe in giro un'energia pazzesca. Cosí come se davvero il governo puntasse sulla valorizzazione della filiera del made in Italy artigiano che è il cuore del lusso. Di tutto il lusso perché l'80% del mercato mondiale si fa qui in Italia grazie a una serie di piccole e piccolissime imprese artigiane imbattibili. Molte però rischiano, sono gravate da tasse eccessive. Tocca a noi garantire loro il credito e magari toglierle dalle mani degli strozzini delle mafie.

Tramite un progetto che si chiama Cash, il nostro gruppo finanzia la catena artigiana che lavora per noi e le dà l'ossigeno finanziario (agli stessi tassi che paghiamo noi, attorno all'1%) per lavorare, facendoli sentire parte integrante della nostra comunità, della nostra filiera produttiva. Sono cose che dovrebbe fare il governo a cominciare da un'articolazione fiscale che guardasse, in modo unitario, tutta la filiera, tutta la catena del valore: vantaggi alla capofila se garantisce liquidità ai piccoli subfornitori.

Lei è stato invitato agli Stati generali. Che impressione ne ha tratto?

Naturalmente mi ha fatto piacere. Del resto, trovavo incredibile che, ad esempio, in Francia dove anche noi abbiamo una maison, il mondo della moda avesse incontri anche con il presidente Macron, a cui interessa conoscere i temi e i suggerimenti che vengono dal nostro ambiente che è grossa parte anche del Pil francese, e in Italia invece no. Fino all'incontro a Villa Pamphili di fatto non parlavamo con nessuno. Ma devo dire che non mi faccio troppe illusioni.

Rimango dell'idea che ciò che proponiamo resta nei cassetti. Eppure, la moda è un settore prezioso per capire dove va il mondo. È il settore che tradizionalmente fiuta i temi, le tendenze, e le interpreta. Poi gli altri arrivano. Se fossi nei panni del primo ministro punterei tutto su questo: fare dell'Italia il Paese piú figo del mondo, il vero laboratorio green del pianeta. Abbiamo già una quantità incredibile di prodotti, basta puntare su questi, anche se piú cari. La risposta dei consumatori ci sarebbe e sarebbe forte. Sono sicuro. E l'Italia sarebbe un Paese invidiato e rispettato nel mondo.

Sulla sostenibilità la moda ha molto da farsi perdonare. È stato a lungo il settore piú inquinante.

Vero, ma ha preso le contromisure da tempo. Anche nei comparti che piú usavano materiali inquinanti, penso alla pelle, ad esempio, che ha fatto passi da gigante nell'ecosostenibilità delle lavorazioni. Tutto il mondo dell'alto di gamma ha fatto un cambio epocale. Scelta dei materiali, delle tinte, uso dell'economia circolare. Anche nel denim noi usiamo molta meno acqua che in passato e siamo molto piú attenti a tutti i processi di trattamento, oltre a impiegare anche materie prime organiche e/o riciclate.

Tutto questo segna la svolta della sostenibilità. Per noi sostenibilità vuol dire anche attenzione ai dipendenti con orari iper-flessibili modulati sulle esigenze di impegni anche esterni, vuol dire eliminare la plastica inutile, allestire asili nido in azienda, creare menú bio in tutti i ristoranti aziendali. Dirlo adesso sembra la norma, ma noi lo facciamo da anni. E con grande soddisfazione. Smart working compreso, che da noi non è stato certo una sorpresa. Sostenibilità poi vuol dire accrescere una vera cultura aziendale volta a questo obiettivo. Puntare ad esempio sugli show room virtuali riduce di molto i viaggi e abbatte il CO_2.

Levare le bottiglie di plastica in azienda ok, ma poi ci sono le produzioni in Cina o India che sono molto meno attente alla svolta green.

Noi abbiamo le nostre filiali nei diversi Paesi del mondo e ciò che facciamo nella casa madre diventa una vera filosofia di vita anche in quei siti. In Cina, in India, negli Stati Uniti. Da lí vengono parte delle nostre produzioni per il mondo e anche in quei luoghi vale la cultura del lavoro che applichiamo da noi.

Quanto può contare la tecnologia, ad esempio l'intelligenza artificiale, nell'evoluzione di un settore come quello della moda? È un driver per la crescita anche in questa Italia che cerca una direzione di marcia per ripartire?

È fondamentale. Innanzitutto, nella parte amministrativa dove già si investe molto in gestioni sempre piú automatizzate è sempre piú una garanzia rispetto a possibili errori. Ma anche nella lavorazione vera e propria: basti pensare che già adesso siamo in grado di creare degli avatar su cui adattare i diversi modelli per verificarne ogni singolo dettaglio dello styling, per capire a fondo la vestibilità. E una volta verificato tutto, da questo avatar vengono lanciati gli input produttivi agli stabilimenti lontani anche migliaia di chilometri.

Il lockdown ha potenziato la cultura dello shopping virtuale?

Moltissimo. Stiamo investendo molto sui nostri negozi virtuali dove lanciamo le collezioni. Riproducono fedelmente concept e look dei nostri store fisici. Ci sono le diverse aree con i capi in esposizione a portata di click. Una volta identificato, il prodotto viene «esploso» in video e presentato in 3D e in alcuni casi viene anche indossato dall'avatar. Cosí si riesce anche a fare il fashion show con la parte piú importante della collezione. Insomma, sono vere e proprie sfilate virtuali dall'impatto incredibile. Anche se questa modalità richiede investimenti davvero molto consistenti.

Insomma, nella moda lavorano ingegneri, sviluppatori, informatici.

Certo, siamo in contatto con altri mondi industriali come l'automotive, ad esempio. Utilizziamo competenze esterne per la parte strettamente Ict, ma in costante dialogo e sinergia con le nostre competenze interne, direttori creativi, *visual* ad esempio, che danno l'indicazione del mood creativo, dello stile.

Quanto investe il suo gruppo nel green?

Nella holding, che fattura 1,5 miliardi di euro, si lavora nella capogruppo (dall'asilo aziendale con orto biologico, agli impianti fotovoltaici per riscaldare e raffreddare gli spazi), ma si lavora anche nelle diverse aziende. In Diesel, ad esempio, abbiamo iniziato a lavorare con Livia Firth e la sua Eco-Age che ci aiuta ad affrontare ogni step, dal controllo dei fornitori, al consumo energetico, col fine di arrivare a canoni di produzione sostenibile. Assieme abbiamo definito i 4 pilastri della nostra strategia di sostenibilità: «Be the Alternative» (impegno a creare prodotti e packaging alternativi e responsabili); «Promote Integrity» (standard sociali e ambientali in tutta la supply chain); «Stand for the Planet» (impegno ad agire per il clima); «Celebrate Individuality» (sviluppare una cultura di sostenibilità in tutta l'azienda, rispettando i diritti dei lavoratori e la loro diversità).

Abbiamo poi Red Circle, la società di investimenti di famiglia che detiene partecipazioni di minoranza in aziende di vari settori, dalla depurazione delle acque e dell'aria all'agricoltura bio, da NaturaSí alle cantine Masi e i vini della biologica Diesel Farm. Abbiamo la partecipazione nell'incubatore d'impresa H-Farm dove mediamente agiscono 50 startup su tutte le frontiere della tecnologia. Puntiamo anche molto sull'innovazione medicale. Queste partecipazioni di minoranza mi consentono di essere presente nei Cda di queste imprese. Imparo moltissimo, ricevo stimoli continui sull'innovazione che mi tengono sveglio e attivo sul futuro. Cose che poi riporto anche nel mio gruppo.

È stato il virus?

No, lo facevo da prima. Amo la natura e sono orgogliosamente figlio di contadini. Ho l'orto da sempre e ho una fattoria 100% biologica. Siamo quello che mangiamo. E io lo so bene. Ho lavorato per una vita sulla parte esterna, l'estetica, delle persone. La moda consente di esprimere la propria personalità, con uno sguardo si capisce chi sei. Ora invece mi sto dedicando alla parte interiore. Lo star bene, le cure, i trattamenti fatti al corpo, il cibo, il tempo libero.

Ora si parla di valori profondi, di frugalità, di cultura. È pentito della campagna che aveva tappezzato le città con lo slogan «Be Stupid»?

No, pentito no. Quello slogan è nato da una agenzia americana che doveva studiare una campagna pubblicitaria a inizio anni 2000. Arriva il pubblicitario e mi chiede: «Devi dirmi qualcosa?» Rispondo: «Ho sempre realizzato cose di frontiera e innovative, ma è stato cosí difficile! Credo di fare il meglio di quello che la gente vuole e mi sembra un buon metodo per gestire il business. Ma quante volte ho avuto la sensazione che la gente non capisse cosa stavo facendo e mi prendesse per stupido!». Ecco trovato allora il titolo di quella campagna. «I have the new campaign: be stupid!», disse il pubblicitario americano. Che fu un grande successo peraltro.

Devo dire che io stesso ho trovato il rispetto per me stesso tardi. Mi ha aiutato, tra l'altro, anche una circostanza particolare: c'era un signore che aveva molto a cuore quello che facevo e aveva capito qual era il mio potenziale e il mio valore aggiunto. Mi chiamava ogni due mesi e facevamo un pranzo dove ci scambiavamo idee, valutazioni e progetti. Era molto curioso di indole ed era a capo di una banca di cui non ero cliente. Era Enrico Cuccia.

Dunque, il cambio di cultura può essere la proposta per il rilancio del Paese, il miglior investimento?

Il momento è fantastico. Sia detto tra virgolette perché so che ci sarà gente che perderà il lavoro e avrà problemi addirittura di sussistenza. E di loro dovremo occuparci sempre di piú. Ma questo momento è decisivo per le aziende per diventare migliori, piú reattive, cambiando i modelli organizzativi, e puntando molto sulla sostenibilità. Se poi lo facesse anche la politica saremmo a cavallo. Siamo pieni di risparmi, gli italiani hanno quasi tutti una casa propria, siamo un Paese in grado di reggere alla crisi e di rilanciarsi. A noi serve solo una direzione di marcia che questa politica, orientata solo al consenso a breve non ci dà. Invece ci vorrebbe una gestione di sviluppo industriale sul tipo di quelle che usiamo nelle imprese. Un progetto Paese di lungo periodo innanzitutto, tutto fondato sulla sostenibilità. E poi: mai piú ministri improvvisati o incompetenti; semmai personale di prim'ordine e molto piú pagato di adesso in modo da remunerare la competenza e in modo che non abbia problemi di corruttibilità. E che non abbiano esigenze di foraggiare le clientele. Basta! È il momento di rilanciare l'Italia con gente forte per un Paese forte. La parola d'ordine deve diventare: competenza, competenza, competenza.

L'impatto della pandemia ha portato a una glaciazione dell'economia. L'emergenza per gli Stati è diventata limitare i danni. Il suo gruppo ha diversi stabilimenti nel mondo, che differenze ha riscontrato?

Cito due esempi. Negli Stati Uniti e in Olanda, dove abbiamo aziende, abbiamo mandato una mail, procedura unica da 15 minuti di lavoro dove abbiamo indicato quale era l'entità della perdita attesa per il lockdown. Negli Usa ci hanno girato 5 milioni di dollari per pagare i dipendenti e gli affitti, in Olanda 900mila euro. Direttamente sul conto corrente e in una settimana, in parte anche a fondo perduto. Ma lí funziona perché c'è uno scambio leale tra Stato e cittadini: lí c'è l'idea che bisogna essere onesti e se fai il furbo finisci nei guai. E controllano. Da noi c'è uno scambio continuo tra politica e furbi che è uno scambio contrario. In America piú tasse paghi piú importante sei. Da noi se paghi le tasse sei considerato un coglione. Sembra che tutto vada al contrario. Prendiamo il reddito di cittadinanza ad esempio. Lo Stato ha scelto di garantire un assegno per non lavorare. Incredibile. Al Sud è esploso il numero di divorzi per avere i requisiti necessari a percepire quell'assegno. È uno scandalo, un'aberrazione morale anche perché incrementa il lavoro nero. È triste pensare a quello che succede da noi. Anche perché quello che non si è capito è che tutta questa miriade di sussidi, piccoli o grandi, prima o poi, finiranno e non avranno risolto nulla. È piú intelligente prendersi in carico chi non può lavorare e finanziare le aziende affinché continuino a investire e a creare lavoro su progetti di lungo periodo.

A me piace in questo caso ricordare il vecchio adagio: meglio insegnarti a pescare e darti una canna da pesca piuttosto che darti un pesce. Lo sforzo principale dovrebbe essere quello di un cambio di mentalità profondo. La gente va stimolata a dare il meglio non a stare a casa a far nulla. Anche perché quando le persone sono coinvolte e motivate sono in grado di muovere le montagne.

Per gli ammortizzatori sociali il governo ha stanziato risorse ingenti ma le procedure le hanno vanificate a lungo. Qual è stata la sua esperienza?

Abbiamo stabilimenti in 8 regioni, ma abbiamo dovuto istruire 16 procedure diverse. Per lo piú abbiamo sottoscritto un accordo sindacale con questi elementi: anticipo a cura dell'azienda dei trattamenti di Cassa integrazione in attesa di avere i fondi Inps e conguaglio, sempre a carico dell'azienda, per arrivare al 100% degli stipendi per le fasce piú basse; garanzia che le eventuali ore di straordinario, legate a picchi di produzione nel dopo coronavirus, venissero pagate come orario di lavoro normale. Solo uno ha detto no. E colpisce che ora Maurizio Landini, segretario della Cgil, chieda di finanziare ancora Alitalia, che è decotta, per garantire il turismo da noi. Forse non ha capito che il mondo non funziona cosí e che il turismo si può garantire in tutt'altro modo: il mercato dei voli è cambiato e già adesso a Venezia nelle prime due ore della mattina ci sono voli per ogni destinazione europea e non sono di Alitalia. Ci vuole un cambio di passo anche per il sindacato: un modo di guardare allo sviluppo che abbia al centro il lavoro e l'impresa con un'idea di pianificazione strategica, non con il solito sguardo corto su quanto deve costare la mezz'ora di lavoro o sulla protezione dell'operaio che deve andare in vacanza ad agosto. L'obiettivo deve essere quello di crescere, secondo un grande progetto di sostenibilità, e di creare posti di lavoro, molti posti di lavoro.

Quanto conta l'«education», la scuola?

Conta tantissimo. Tutto parte dalla scuola. È lí che bisogna insegnare innanzitutto la lealtà come cittadini, il senso civico e l'orgoglio di appartenere a un grande Paese. Purtroppo, negli anni (ho sette figli e ho sempre seguito gli incontri tra genitori e insegnanti) c'è stato un peggioramento costante: a volte gli insegnanti non sono all'altezza, ma sempre di piú non lo sono i genitori che pretendono di dire loro quali debbano essere i voti dei loro figli. E lo stesso vale per l'università: negli Stati Uniti acquisisci un'idea fortissima di appartenenza e se fai assenze perdi profitto scolastico. Si crea un rapporto tra studente e istituzione molto diverso da quello che c'è da noi. Quando esci, non vedi l'ora di affrontare il mondo, di morderlo. Da noi sembra quasi la norma che, finita l'università, si aspetti a casa che qualcuno ti chiami o che accada qualcosa. Questo atteggiamento diverso deve maturare proprio grazie alla scuola che deve trovare il modo di insegnarlo. Perché un operaio lavora 40 ore e un insegnante ne fa 18 nella scuola secondaria, 24 in quella primaria e 25 in quella dell'infanzia? Credo che gli insegnanti dovrebbero completare la loro attività con una maggiore attenzione alle straordinarie evoluzioni della tecnologia. Bisognerebbe creare una vera e propria scuola che insegna agli insegnanti, una scuola di formazione e aggiornamento permanente. Naturalmente anche per ritrovare quello spirito e quell'orgoglio che il nostro Paese merita. Diciamo la verità: oggi hanno piú valori gli extracomunitari, perché hanno vissuto situazioni ai limiti dell'umano, inimmaginabili per i nostri figli. E questo anche perché la scuola non funziona come dovrebbe.

La pandemia ha accentuato il movimento del pendolo della storia che già prima stava tornando indietro rispetto a un'idea spinta di globalizzazione. Il mondo del dopo virus sarà piú stretto, piú rattrappito? Sarà la nuova era della deglobalizzazione?

Si andrà per fasi. Adesso manca il viaggiare. Ai giovani piace vestirsi, divertirsi e viaggiare, come peraltro un po' a tutta la gente. Ora tutti ci sentiamo piú concentrati verso il nostro Paese. Ma è un momento transitorio: appena ci sentiremo piú tranquilli, ricominceremo a viaggiare in sicurezza. Il virus ci ha insegnato a voler piú bene al nostro Paese. Ma un vero brand, per essere tale, non può non essere globale. Tutti i nostri investimenti in tecnologie servono proprio a mantenere in vita la globalizzazione come l'abbiamo conosciuta, cercando, con il virtuale, di supplire alle mancanze della realtà fisica.

La corsa alla solidarietà nella fase piú acuta della crisi da coronavirus ha rilanciato l'idea della filantropia, dell'economia del dono. Che ne pensa?

Noi italiani siamo un popolo buono. E sentiamo la donazione. Anche se a volte viene fatta per mettersi in mostra. E a me viene in mente il detto di mia madre: «Con l'età si fa piú la carità perché ci si vuole aprire le porte del Paradiso». Delle donazioni fa rabbia la gestione successiva. Con la mia fondazione abbiamo assistito una sessantina tra ospedali e case di cura, in modo diretto, senza intermediazioni. Perché questa è la nostra regola: si va dritti al progetto, niente burocrazie. Ma non è sempre facile. Dopo il terremoto dell'Umbria abbiamo deciso di finanziare la ricostruzione di una scuola con Andrea Bocelli. Un anno per identificare la sede, le autorità non se ne volevano occupare e nessuno sceglieva niente. Abbiamo deciso di farlo direttamente: abbiamo sentito un po' di sindaci e scelto il luogo idoneo a Sarnano. Bene: in 5 mesi abbiamo costruito una scuola modernissima, con tutte le dotazioni d'avanguardia. Nell'area del terremoto manca ancora il piano regolatore e le opere di urbanizzazione che non possiamo fare noi. Ci sono 36 milioni, di donazioni, fermi. È frustrante. È il grande potere della burocrazia: uccide anche l'entusiasmo piú puro. È per questo che bisogna eliminarla, per sempre.

Marco Tronchetti Provera
Guai a esasperare lo scontro Usa-Cina

Marco Tronchetti Provera è vicepresidente esecutivo e amministratore delegato della Pirelli, di cui ha assunto la guida operativa nel 1992 dopo esservi entrato nel 1986 come socio accomandatario di Pirelli & C. È anche presidente del Cda di Marco Tronchetti Provera & C., controllante di Camfin. Quest'ultima detiene il 10% circa di Pirelli, che oggi vede come maggiore azionista la cinese ChemChina. È inoltre membro del Cda di Rcs MediaGroup e dell'Università Bocconi, dove si è laureato nel '71, oltre che co-presidente onorario per la parte italiana del Consiglio per le relazioni fra Italia e Stati Uniti, di cui è stato co-presidente italiano per 15 anni, e fa parte del gruppo italiano della Trilateral Commission. Siede nell'advisory board di Assolombarda e nel Consiglio generale di Confindustria. È stato vicepresidente di Mediobanca (ottobre 2008-ottobre 2017), presidente di Telecom Italia (settembre 2001-settembre 2006), consigliere del Teatro alla Scala (ottobre 2001-ottobre 2005) e presidente del «Sole 24 Ore» (dicembre 1996-settembre 2001).

Ora è il momento degli investimenti, del nuovo Piano Marshall sia italiano sia europeo. Non ci sono mai stati cosí tanti fondi disponibili. Ma in cosa bisognerà investire? Quali sono secondo lei le nuove priorità del dopo-pandemia?

L'Italia vive da molto tempo, troppo direi, una perdita di competitività grave e persistente. Oggi, per uscire dalla morsa di pandemia e recessione, si stanno creando le condizioni per riavviare un percorso virtuoso di sviluppo. La cornice è la Ue. E i valori di riferimento sono quelli dell'innovazione digitale e della sostenibilità ambientale e sociale, come asset fondamentale di competitività. Come imprenditore, ne avverto da tempo la responsabilità. E la Pirelli si muove concretamente su questa strada, secondo i piú esigenti standard internazionali. Bisogna pensare a una nuova stagione di qualità dello sviluppo economico e sociale. E proprio le infrastrutture sono tra gli investimenti piú importanti per recuperare terreno. Penso a infrastrutture sia fisiche, sia immateriali, tecnologiche, culturali. Da quelle digitali a quelle stradali e ai collegamenti internazionali, dalle vie aeree alle rotte marittime e ai porti. Basterebbe partire da qui anche per utilizzare al meglio la straordinaria opportunità del Recovery Plan dell'Unione europea: i progetti che si potrebbero realizzare sono noti e stranoti, ma non sono quasi mai seguiti dai piani di esecuzione. Il problema non sono i piani sulla carta. Ma la progettualità e la realizzazione concreta. È qui il vero limite italiano. Che diventa piú evidente in una fase in cui le risorse disponibili possono finalmente rendere possibile un progetto di grande trasformazione del nostro Paese.

E a cosa è dovuto?

Tutte le leggi che escono dal parlamento hanno un problema di applicazione, dovuto alla stratificazione di norme molto complesse e mai semplificate, scritte con un linguaggio burocratico che ne aumenta l'oscurità, in assenza di chiare responsabilità per l'attuazione. Non ci sono indicazioni di tempi per le tappe dell'*execution* che consentano ai cittadini e all'Europa (che è la prima finanziatrice e il principale controllore) di verificare gli stati di attuazione. Ma l'*execution* è il primo fattore di credibilità di un Paese, da cui dipende la sua capacità di attrarre investimenti. Piani piú o meno faraonici non hanno valore di per sé. Quello che conta è la loro realizzazione. Nessuno può credere alle parole di governi o parlamenti, se non sono seguite da fatti.

È un fatto politico, dunque? Un problema di burocrazia attuativa? Cosa serve per cambiare davvero?

Il problema principale è il numero delle norme e dei regolamenti. Le leggi attuative partono da governo e parlamento e sono troppo spesso caotiche, confuse, piene di incomprensibili richiami ad altre norme, parecchie volte contraddittorie. E poi, nell'applicazione, la burocrazia ha un ruolo determinante. Al di là della maggiore o minore efficienza delle strutture burocratiche, insomma, il problema sta nella difficoltà di muoversi in una selva di leggi e regolamenti, in cui le complessità interpretative e attuative sono un dato oggettivo insito sin dal momento in cui vengono scritti. Se non c'è la volontà politica di mutare radicalmente la distorsione del sistema, non si può addossare sempre la responsabilità alla burocrazia.

Lei è stato anche in Telecom e conosce i problemi di un settore delicato come quello delle telecomunicazioni. Perché dopo tanti anni siamo ancora qui a parlare della rete, unica o meno, ma sempre inefficiente e insufficiente?

La rete delle telecomunicazioni è una priorità strategica fondamentale ancora adesso. Internet, come è noto, nasce dal mondo militare e poi si sviluppa rapidamente in ambito civile. Ricordo bene le indicazioni del vicepresidente americano Al Gore al G7 del febbraio del '95 (Information Society Conference di Bruxelles), cui avevo partecipato con altri tre italiani. Pirelli si occupava di fibra ottica attraverso la divisione Cavi. Già allora Al Gore disse che presto, grazie a quella tecnologia, tutti i cittadini americani sarebbero stati collegati in tempo reale all'amministrazione pubblica, alleggerendo il peso della burocrazia.

Cosa è accaduto poi?

Tante cose, non sempre nell'interesse del Paese e con una parte della politica che spesso ha subordinato lo sviluppo e l'innovazione a vecchie logiche di potere. Anche per questo rimane molta strada da percorrere per recuperare il terreno perduto, non solo dal punto di vista della tecnologia, ma anche per quanto riguarda la confusione di ruoli e responsabilità indotta dall'opacità creata dalla riforma del Titolo V della Costituzione. Ne abbiamo avuto conferme proprio nelle difficoltà dei rapporti tra le regioni e il governo centrale. Adesso bisogna cambiare strada. L'Europa sta mettendo a disposizione le risorse, ma, senza progetti e riforme, queste non potranno produrre il cambiamento di cui ha bisogno il Paese.

Come ci dovremo porre con il 5G? Il mondo rischia di dividersi in due tra modello Usa e modello cinese. L'America fa della scelta su questo tema da parte dei partner un punto dirimente, la Cina ha scommesso molto sugli ottimi rapporti con l'Italia. Ci troveremo a dover gestire il dilemma impossibile della scelta tra Usa e Cina?

La crescita di competitività passa anche dagli investimenti nel 5G, asset strategico per qualunque regione del mondo. La velocità di banda e una migliore capacità di elaborazione dei dati, unita allo sviluppo dell'intelligenza artificiale, significano maggiore produttività di sistema e maggiore efficienza. E l'Italia ne ha un bisogno enorme. Il 5G sarà una tecnologia cruciale per far fronte alle esigenze di connettività, anche alla luce delle nuove modalità di lavoro in remoto imposte dalla pandemia, e comunque decisiva per migliorare l'efficienza del mondo pubblico e la sua capacità di connettersi a quello privato. La scelta strategica, certo, è molto complessa: riguarda non solo la tecnologia, ma anche la geopolitica. E proprio l'Europa ha la grande opportunità di porsi come elemento di equilibrio tra le due superpotenze.

Nella sequenza delle varie fasi di gestione della risposta al Covid-19 tutti abbiamo avuto la sensazione della difficoltà di definire le misure e della difficoltà nell'applicarle una volta definite. È stato un problema di fretta?

Anche in questo caso si è badato poco all'*execution*. Faccio un esempio: si sono creati prestiti con garanzia al 90% dello Stato senza tener conto del fatto che le banche avrebbero dovuto organizzare istruttorie per il restante 10%. Qualunque funzionario di filiale ha dovuto istruire una pratica e poi ottenere l'approvazione dei vari organismi, con un iter che richiede tempi lunghi. Altrimenti, avrebbe anche corso il rischio di infrangere norme penali per l'incauto affidamento del credito. Tempi eccessivi, dunque. E imprese in difficoltà, in assenza di sostegno creditizio. Anche se, per la verità, va ricordato che all'interno del sistema bancario ci sono stati comportamenti diversi tra i vari istituti, per rapidità ed efficienza, come ha notato pure la Banca d'Italia.

Lei ricorda periodi in cui era piú semplice dare risposte rapide alle crisi?

Oggi ci sono piú passaggi, piú interlocuzioni istituzionali rispetto al passato. Ma è un sistema noto, chi fa le leggi non dovrebbe ignorarlo. All'epoca del miracolo economico, negli anni '50 e '60, non c'erano le complesse necessità di *compliance* con i vari regolamenti emanati dalla Banca d'Italia e dalla Bce: il direttore di filiale istruiva la pratica e la qualità della persona e la validità del progetto erano la garanzia principale per concedere il finanziamento. La complessità del sistema era inferiore. Non c'era il continuo ricorso ai tribunali amministrativi, civili e penali che mettono in condizione il singolo funzionario di sentirsi costantemente a rischio, personale e penale, nell'applicazione di complessi adempimenti formali. Insomma, anche questo fa perdere competitività e, in sintesi, non funziona. Torno al punto: se non semplifichiamo dando chiare responsabilità e poteri per garantire l'attuazione dei progetti, il Paese resta bloccato.

Il debito con le misure anti-pandemia è balzato al 155,7%. Era inevitabile, ma come faremo a rientrare?

Al di là della quotidiana propaganda politica, non bisogna dimenticare che l'Italia ha, appunto, un enorme stock di debito. Abbiamo adesso l'opportunità di disporre di ingenti risorse dall'Europa. Ma dobbiamo essere chiari e responsabili: se gli investimenti di tali risorse non produrranno crescita, il nostro sistema economico non potrà reggere. E saremo schiacciati dal debito.

Il problema però riguarda tutti in Europa.

Il problema riguarda l'Italia in modo particolare, perché è il Paese piú indebitato.

Ci sono le risorse private?

In Italia c'è un risparmio privato di quasi 10mila miliardi. E per quasi 4400 si tratta di investimenti finanziari. Bisogna trovare il modo di convogliare almeno una parte di questa mole di denaro verso il finanziamento delle infrastrutture e del sistema delle imprese.

È un modo per fare entrare lo Stato nell'economia? Una scelta da anni '70?

No. È un modo per mobilitare risorse private nell'interesse collettivo, dando agli investitori adeguate garanzie fiscali e di rendimento. Messe al sicuro le fasce sociali veramente deboli, bisogna far ripartire la gente non con le sovvenzioni che – anche sul piano culturale – sono catastrofiche, ma con strumenti che invoglino le persone a investire e lavorare. Non un reddito per stare a casa, quindi, ma denaro per dare la possibilità ai 9mila comuni del Paese piú bello del mondo di rimettere in sesto le proprie infrastrutture, le scuole, i beni culturali, l'ambiente, creando cosí vero lavoro secondo priorità da identificare a livello locale. Si può mettere in moto un sistema virtuoso, un'Italia diversa che riparte, per produrre qualcosa di tangibile, fisico, costruttivo, migliorando anche la qualità della vita di tutti.

Nella fase del rilancio anche le imprese, però, hanno chiesto finanziamenti a fondo perduto.

Per chi ha dovuto sospendere la propria attività e rischia di non poterla piú riaprire, il contributo a fondo perduto ha senso, perché si basa in tal caso su un principio opposto a quello dell'assistenzialismo. Mettere in campo denaro a fondo perduto a sostegno delle attività è un modo per salvare situazioni produttive.

Altra cosa ancora è l'assistenza necessaria per chi vive condizioni di massimo degrado e di oggettiva impossibilità di lavorare. Ma se un ragazzo di 30 anni può lavorare, in cambio dell'assegno di assistenza deve andare ovunque ci sia una necessità. Serve pulire strade? Sistemare un ufficio pubblico? Imbiancare le pareti di una scuola? Curare un bosco o gli argini di un fiume? Bene, allora è lí che va impiegato.

Qualcuno ha parlato di paternalismo o di assistenzialismo on demand *o* ad personam.

È un approccio culturalmente sbagliato, che ha dato luogo a un discorso pubblico altrettanto controproducente. È come educare i figli a stare sul divano. È una riedizione del 18 politico del '68. Si elimina la cultura del dovere e dell'impegno.

E si rinuncia anche alla dignità propria della relazione tra denaro e lavoro, all'idea di un lavoro vissuto come responsabilità, creatività, identità, contributo al benessere della comunità.

Ma è una dimensione che purtroppo s'è diffusa nell'opinione e pubblica e ha contribuito a generare disimpegno e negatività.

Gli italiani hanno dimostrato disciplina e rispetto delle regole ben oltre lo stereotipo dell'italiano medio furbo e anar-

coide. È un patrimonio nuovo. Come si può mettere a frutto nella fase della ripartenza?

Le persone hanno dimostrato una grande disciplina e si sono affidate alle scelte del governo. Ora bisogna andare oltre: o diamo loro un orizzonte di speranza, un progetto, il sogno della ripresa che passa attraverso il lavoro e la crescita, oppure rischiamo il degrado di un messaggio opposto, quello di un sussidio o di una rendita senza lavorare, in una sorta di illusione che esista un mondo di furbi e sfaccendati che vengono protetti e premiati. Bisogna evitare il rischio di demotivare chi lavora davvero. Se, insomma, riusciamo a liberare le energie della parte sana del Paese, e cioè la netta maggioranza delle persone, questa nostra Italia riparte.

Dalla globalizzazione ormai siamo passati alla deglobalizzazione con lo stesso atteggiamento fideistico e probabilmente privo di razionalità. Cosa c'era da correggere nel vecchio sistema? La soluzione è l'«America first» di Trump che dice addio al multilateralismo?

Abbiamo avuto un fenomeno di distacco progressivo degli americani dall'impegno globale degli Usa, che avevano di fatto dato vita, insieme ai Paesi europei, agli organismi di compensazione multilaterale. E questo processo era cominciato prima di Trump. Il ruolo guida era in mano agli Usa, poi anche l'Europa ha giocato un ruolo. Ma quegli organismi, di fatto, sono stati a lungo casse di compensazione guidate dal mondo occidentale. La crescita di nuovi protagonisti, sulla scena mondiale, ha reso piú complesso il quadro. Il distacco o disimpegno Usa è cominciato con

George W. Bush, attraverso l'intervento unilaterale in Afghanistan e in Medio Oriente, dopo l'attacco terroristico alle Torri gemelle. La presidenza di Barack Obama ha voluto ridurre l'impegno militare americano a guardia delle diverse aree di crisi nel mondo. E infine è arrivato Donald Trump, con il suo «America first» che ha indebolito ulteriormente i già fragili e poco efficienti organismi internazionali. Questi organismi andavano riformati. E ormai sono di fatto superati. Adesso si sta creando una situazione di intervento diretto e unilaterale che era già *in nuce* nella dottrina Bush. La mia generazione è cresciuta con la fiducia nell'intervento dei caschi blu dell'Onu. Ma oggi questo mondo e questo modo di affrontare le crisi globali sono scomparsi. Sono comunque convinto che non ci si possa rassegnare alla crisi del multilateralismo e a precari equilibri costruiti sull'esibizione dei rapporti di forza e che si debba invece tornare ai valori e alle culture di una efficace, lungimirante diplomazia.

Lei è a capo di un'azienda globale ora frutto di un'alleanza italo-cinese che vede ChemChina primo azionista. «Is China winning?» È la domanda che si faceva «The Economist» a proposito della gestione della pandemia, ma non solo. In gioco c'è la leadership dell'economia globale. Qual è la sua risposta?

In questa sorta di demolizione globale del multilateralismo ci siamo trovati con una Cina che ha dato segnali di allargamento della sua sfera di influenza anche geopolitica, ben oltre gli investimenti strategici in Africa e la presenza militare nelle isole del Mar Cinese. La nuova Cina di Xi Jinping ha lanciato poi la nuova Via della Seta e il programma China 2025, in cui si dichiara in piena trasparenza la volontà di leadership tecnologica. Tutto questo ha suscitato molta preoccupazione negli Usa, a livello politico e di opinione pubblica. Una Cina sempre piú competitiva preoccupa le potenze rivali. Quella di Deng Xiaoping cresceva (e molto), ma senza mai apparire, e comunque partiva con grande ritardo sul mondo occidentale e sugli altri Paesi economicamente piú avanzati dell'Estremo Oriente: Giappone e Corea.

Ora, con gli organismi internazionali indeboliti e il multilateralismo fiaccato, una Cina molto piú competitiva crea un'esigenza per gli Stati Uniti di ridefinire il loro ruolo che, dopo la caduta del muro di Berlino, era diventato quello di unica guida del mondo. La Cina è un'economia in crescita, che contribuisce per un terzo alla crescita del Pil mondiale, piú delle economie avanzate nel loro insieme. Basti pensare che nel solo 2018, il valore del suo Pil è stato oltre i 13 trilioni di dollari, vale a dire quasi il 16% di quello mondiale. Il nuovo equilibrio che gli Usa stanno perseguendo rischia di indebolire strutturalmente lo sviluppo e il commercio mondiale. È difficile che un nuovo equilibrio stabile venga raggiunto, se non si arriva a un tavolo negoziale allargato, in cui anche l'Europa deve giocare un ruolo di primo piano.

Torno al titolo di «The Economist»: sta vincendo la Cina?

Il tema, un po' troppo semplificato, si presta a letture storiche che riportano a Sparta e Atene. Ma la realtà è diversa: sino a oggi, la forza degli Stati Uniti e la loro prevalenza nelle tecnologie garantiscono una presenza e una influenza americana, nelle diverse regioni del mondo, piú strutturata di quanto non sia quella cinese. Ma guai se si arrivasse a una *confrontation* vera e propria. Bisogna che Europa e Russia contribuiscano a trovare un punto di equilibrio. Gli interessi sono comuni. La Cina, se non cresce, mette a rischio l'intero sistema.

Per la prima volta alla riunione del congresso del Partito comunista cinese non è stato annunciato un target di crescita del Paese. Sarà un problema?

Le tensioni commerciali in atto da tempo tra Usa e Cina, aggravate dagli effetti del coronavirus, hanno creato instabilità nell'economia mondiale. In questo contesto, qualsiasi previsione sulla crescita rischia di essere smentita. Ciò non toglie che la Cina resti un Paese gigantesco, con 1,4 miliardi di abitanti, di cui oltre 400 milioni ormai entrati nella cosiddetta area del benessere. È un Paese proiettato verso il futuro, che ha creato nella popolazione aspettative di crescita importanti e che deve allargare le aree di benessere a fasce sempre piú ampie. Se questo non accadesse, potrebbe nascere un problema interno, che si ripercuoterebbe su tutti gli equilibri mondiali. La forza ma anche il problema della Cina è ovviamente il numero delle persone, cui dare un orizzonte di speranza di vita migliore.

Contro la grande maggioranza delle stime degli analisti, è in atto uno spostamento dell'export cinese verso l'area orientale per filiere strategiche, a cominciare da quella dei semiconduttori. Si comincia a parlare di «decoupling», di disac-

coppiamento, rispetto ai tradizionali partner occidentali, Stati Uniti in testa. *Che effetti avrà?*

È una ricerca di alternative, un po' come avvenne con le sanzioni alla Russia e con lo spostamento dell'asse dei rapporti commerciali verso oriente. È una reazione naturale per chi cerca un riequilibrio in questa situazione di incertezza. Difficile oggi prevederne la portata e gli effetti.

Fin dove arriverà la deglobalizzazione? Le grandi catene globali del valore, dall'automotive ai cellulari, dalla farmaceutica ai cavi saranno smontate? Riviste? Spezzate del tutto? Cosa succederà all'Europa?

È la domanda delle domande. Le variabili su cui si giocano gli investimenti industriali su scala globale sono i livelli di crescita delle diverse regioni, i rapporti tra i tassi di cambio, i dazi e le protezioni e tutte le forme di incentivo diretto o indiretto per attrarre investimenti. Complessivamente oggi c'è una grande incertezza. E questo vale anche per l'Europa. Un'azienda come la nostra ha cercato di orientare le scelte su un parametro 80-20. Vale a dire l'80% della produzione dei 12 Paesi dove siamo industrialmente presenti è legata a mercati sostanzialmente locali e il 20% è affidato a forme di interscambio. Questa proporzione si è resa necessaria per ridurre i rischi connessi ai tassi di cambio e ai dazi. Al di là di Pirelli e per continuare a ragionare sui temi del mondo produttivo, siamo cresciuti tutti nell'idea che il mercato globale avrebbe continuato ad alimentare la crescita, mentre oggi ci troviamo in una condizione di chiusure crescenti e di conflitti. Ciò rende incerti gli investimenti: in alcuni casi li blocca e in altri comporta una diversa riallocazione dei siti, con i relativi costi. Un mondo che ha portato in pochi decenni un miliardo di persone nell'area del benessere rischia oggi di farne tornare indietro 400-500 milioni nel giro di pochi anni.

Il mondo rischia di vivere una nuova composizione di aree isolate. Viaggiare diventerà piú difficile. Come si potrà mantenere l'assetto attuale delle produzioni?

Non dobbiamo ragionare come se ciò che abbiamo conosciuto nella cosiddetta Fase 2 fosse il *new normal*. Le paure ci seguiranno per un po', il virus ci accompagnerà ancora, almeno sino alla scoperta e alla diffusione di un vaccino efficace. Avremo comunque piú protezioni e investiremo meglio nella sanità. Il *new normal* sarà diverso. Useremo di piú le tecnologie. Tornerà il valore del contatto fisico. E si continuerà a viaggiare, probabilmente meno, ma con un'attenzione maggiore a proteggerci. E anche qui l'innovazione svolgerà un ruolo fondamentale.

C'è spazio per un nuovo multilateralismo?

Lo spazio sembra essersi molto ridotto. Ma la necessità è quanto mai avvertita. Da un punto di vista della politica, le leadership attuali sono inclini o, pur se critiche, si sentono costrette a usare le tecnologie e la velocità, talvolta patologica, dei social network per fare annunci e comunicare azioni basandosi sempre piú spesso su spinte autoreferenziali di breve termine. Cosí molte scelte diventano programmi di cortissimo respiro, che non vanno oltre la successiva scadenza elettorale. Ci sono raramente progetti a medio-lungo termine. Le scelte dovrebbero invece avvenire intorno a tavoli non condizionati dal consenso di breve, nella consapevolezza che nessuno cresce da solo. Nemmeno l'America che ha piú potenzialità di altri Paesi, ma che senza gli altri non può farcela.

L'Europa. La comunità della politica è in difficoltà, spaccata tra pulsioni di cambiamento e istanze sovraniste, di ritorno alle piccole patrie. Il piano di ricostruzione dell'Unione alla fine è arrivato, ma ha risentito di questo clima di egoismi nazionali cui le opinioni pubbliche sembrano essere molto sensibili. Cosa deve o dovrebbe fare l'Europa per cambiare questa situazione? E che ruolo possono giocare le imprese?

Questa nostra Europa è l'area piú ricca del pianeta, con piú storia, piú creatività, un'eredità culturale millenaria e che dovrebbe avere imparato dal '900 quanto pesanti siano le conseguenze delle tragedie legate ai conflitti tra i diversi Paesi. Oggi, in Europa, piaccia o no ad alcuni, siamo tutti legati, interconnessi. I Paesi del Nord possono far finta di mostrare i muscoli, la parte mediterranea può rispondere con la faccia feroce. Ma è chiaro che, se non cresciamo insieme, tutti ne subiremo i danni. Le automobili tedesche le compriamo anche noi italiani e la nostra componentistica va da loro. Siamo tutti molto piú legati di quanto non pensiamo. Il problema dell'Europa è il processo decisionale: è impossibile pensare di governare un'intera area del mondo con gli obblighi di accordi unanimi in 19 o in 27. Il cittadino europeista informato – e ce ne sono tanti – direbbe: create un meccanismo che garantisca, contemporaneamente, sia la qualità sia la rapidità e l'efficacia del processo decisionale. Ci vorrebbe un nucleo ristretto di guida a livello europeo. Si parla spesso della *core Europe*. L'Europa è riuscita a crescere in pace per 70 anni grazie all'Unione europea. La Banca centrale ha poi garantito e garantisce ancora stabilità monetaria. Ora, con il Recovery Plan e le altre misure adottate a Bruxelles, si può iniziare un percorso virtuoso che coniuga politica economica, politica monetaria e politica fiscale comuni.

Lo spieghi a chi teorizza i bei tempi andati della lira e delle svalutazioni competitive e spinge per l'uscita dall'euro.

È talmente evidente che cosa accadrebbe con le svalutazioni che non va neppure spiegato. Nel mondo della competizione globale tra aree geografiche, immaginare di isolarsi con una propria moneta, da parte di un Paese con la nostra storia e il nostro debito pubblico, è davvero irrealistico.

Europa-Cina: che tipo di avvicinamento è in atto? E come si pone l'Italia?

La *confrontation* sino-americana rende il tema dei rapporti con la Cina sempre piú complesso. L'Europa ha un'alleanza storica con gli Usa. Il comune sentire che univa l'Europa all'America, però, si è andato affievolendo. A questo ha contribuito anche la Brexit, che ha creato un *vulnus* culturale e politico. Oggi l'Europa sarebbe chiamata a un appuntamento con la Storia, se trovasse le energie per porsi come punto di equilibrio delle tensioni tra l'Est e l'Ovest del mondo.

Lei lavora con l'establishment cinese, che effetto fa il connubio tra il modello dell'economia di piano e una sorta di turbocapitalismo di mercato?

Per qualche tempo quel modello ha vissuto in Cina un periodo di espansione abbastanza libero. Poi c'è stata una crescente attenzione al fatto che gli investimenti del settore privato verso l'estero fossero in linea con le strategie del Paese. La differenza che si nota negli ultimi 4 o 5 anni è l'attenzione agli investimenti verso l'interno, anche per innalzare la domanda domestica, trasformando cosí la Cina da fabbrica del mondo a produttore di tecnologie e di prodotti di gamma piú alta.

La finanza per la prima volta sta mostrando di privilegiare gli investimenti sostenibili che abbiano garanzie Esg. E questo sta spostando ingenti risorse su investimenti green. Cosa significa questa svolta secondo lei?

Il percorso della sostenibilità ha visto buona parte dell'industria precedere la finanza, che si è posizionata solo recentemente su aziende sostenibili cogliendo un *sentiment* generale degli investitori. Nell'ultimo decennio il mondo dell'industria si è dato moltissime regole sul rispetto dell'ambiente e sulla necessità di migliori equilibri sociali. È un tema prioritario e molto sentito. L'industria si è mossa per tempo, ma il ritmo del cambiamento è dettato dalle tecnologie. Per esempio, il mondo dei pneumatici fa parte di uno dei settori, quello dell'auto, che puntano a ridurre il consumo di CO_2. Noi contribuiamo cercando di aumentare la parte riciclabile delle produzioni, abbassando la resistenza al rotolamento dei pneumatici, rendendo piú efficienti e sostenibili tutti i processi produttivi e di approvvigionamento delle materie prime e adottando un approccio alla mobilità urbana a favore di soluzioni green come, ad esempio, le biciclette.

L'obiettivo ambientale coinvolge tutta la catena del valore: parte dalla scelta delle materie prime, passa per le modalità di produzione e arriva fino al sistema di distribuzione e all'impatto sul cliente finale. Da qui nascono le vere opportunità. Che devono però essere sostenibili anche economicamente. Vanno evitate le mode. Occorre pianificare razionalmente lo sviluppo sostenibile pure attraverso studi sui materiali e sul sistema del riciclo.

L'auto elettrica muove i primi passi. Qui c'è ancora molto da inventare e da studiare, compresa una vera ricerca sull'impatto di un nuovo mondo eventualmente tutto orientato ai motori elettrici.

Già prima del coronavirus la filiera dell'automotive era sotto pressione nella gestione della transizione al motore elettrico. La frenata dell'economia rende necessario da un lato supportare la produzione tradizionale – peraltro già avanzata dal punto di vista della sostenibilità – e dall'altro incentivare l'innovazione. Quale sarà l'equilibrio tra i motori piú avanzati non è ancora chiaro.

Quali sono le vostre regole per l'attuazione del piano di sostenibilità?

Noi abbiamo fatto il primo Report ambientale nel 2000, diventato poi nel 2005 il primo Report di sostenibilità e nel 2014 un vero e proprio Report integrato. Il tema della sostenibilità per un'impresa che ha stabilimenti in piú parti del mondo è decisivo, anche perché gli investimenti a carattere industriale non hanno un orizzonte speculativo di un biennio, ma quello dei 50 anni successivi. L'essere integrati e rispettosi dell'ambiente locale e delle comunità presenti sui territori è fondamentale. Una volta lo si faceva con azioni di sostegno sociale, come l'assistenza sanitaria, le colonie e i programmi per i figli dei dipendenti, ora lo si fa anche sulla base di programmi di sostenibilità ambientale. Penso per esempio all'attenzione ai consumi di acqua e di energia in Brasile o ai programmi di formazione dei *farmers* della gomma naturale in Indonesia per preservare l'ecosistema. Gli indici di sostenibilità sono da anni anche motivo di confronto tra le imprese e di motivazione tra i manager. Noi abbiamo incentivi legati pure a obiettivi ambientali. Il cosiddetto Mbo/Sti, lo schema di incentivazione a breve termine – nel 2020 annullato per effetto del coronavirus – era già stato trasformato e collegato agli obiettivi di ricavi in prodotti *eco-safety performance*, con un peso del 10%. Il Piano Lti, cioè l'incentivazione a lungo termine, è invece basato sugli obiettivi dei piani industriali e fin dal 2018 comprende anche i nostri risultati in termini di ranking nel Dow Jones Sustainability Index, dove oggi siamo leader mondiali del comparto Auto Components, e dal 2020 anche del ranking di Cdp Climate Change Index, dove figuriamo tra le aziende di eccellenza sul piano globale. Il bonus risulta cosí legato ai diversi parametri su cui è impostato il piano aziendale e al loro raggiungimento, anno dopo anno. Tra questi rientrano anche l'andamento del titolo dell'azienda in confronto ai *comparable*, la generazione di cassa e il risultato. Diventa un modo per rendere coerente il risultato del manager con la creazione di valore a beneficio di tutti gli stakeholder.

Cosa significa essere capitalisti oggi, ai tempi del ripensamento etico del capitalismo?

Significa innanzitutto apprezzare lo sguardo lungo e fuggire dagli orizzonti corti e speculativi. Le aziende che durano nel tempo guardano sempre al medio termine. La finanza può fare racconti meravigliosi, ma una base speculativa la sconta sempre. Ci sono invece investitori a lungo termine che sanno valorizzare i progetti su orizzonti temporali lunghi. La svolta green e sociale aiuta questo processo perché porta la cultura ambientale, sentita dai cittadini, e la trasferisce nella raccolta dei fondi. Questo può dare piú sostegno, ma bisogna puntare molto sulla stabilità dell'investimento finanziario. Una fase come questa, dove c'è il massimo della volatilità dell'investimento legata alle incertezze sulla crisi, rende i mercati molto instabili. E la stessa sostenibilità rischia di essere messa in secondo piano: adesso all'investitore interessa se un'impresa sopravvive o no, se crescerà, se resterà ancora dopo l'impatto della pandemia. Torno quindi all'idea iniziale, che vede una stretta interdipendenza tra sviluppo economico e sociale e investimenti infrastrutturali. Se avverranno su scala europea, possono diventare una sorta di fiume carsico che alimenta lo sviluppo, garantendo la stabilità di fondo necessaria ad attrarre capitali importanti. Se l'Italia facesse emissioni di bond defiscalizzati, con rendimenti legati all'inflazione, per finanziare investimenti in infrastrutture, molto del risparmio privato verrebbe attratto. Ma dovrebbero essere investimenti in progetti riscontrabili, riconoscibili e con garanzie.

Andrà tutto bene? Siamo sicuri? Lei è ottimista?

Conosco bene questo Paese. E sono realista. Dobbiamo insistere sulle opportunità e sulle possibilità del cambiamento, consapevoli che l'Italia ha le risorse e le competenze per fare sí che, nonostante tutto, le cose vadano bene. E quelle risorse di intelligenza, cultura, creatività, generosità – il nostro straordinario capitale sociale positivo – bisogna avere la volontà di utilizzarle nel migliore dei modi.

Indice

p. VII Introduzione
di Alberto Orioli

Proposta per l'Italia

3 Silvia Candiani *L'intelligenza artificiale ci salverà*

23 Andrea Illy *L'ora dell'altruismo*

49 Emma Marcegaglia *«Education» prima emergenza*

75 Federico Marchetti *Il lusso dell'Ape Car*

97 Carlo Messina *La ricchezza c'è, va usata*

121 Renzo Rosso *La moda del senso civico*

141 Marco Tronchetti Provera
Guai a esasperare lo scontro Usa-Cina

Questo libro è stampato su carta contenente fibre certificate FSC®
e con fibre provenienti da altre fonti controllate.

Stampato per conto della Casa editrice Einaudi
presso ELCOGRAF S.p.A. - Stabilimento di Cles (Tn)
nel mese di settembre 2020

C.L. 24697

Edizione							Anno			
1	2	3	4	5	6	7	2020	2021	2022	2023

DP 0220079916

370001AMQ
PROPOSTA PER
L'ITALIA
ORIOLI ALBERT

1^ ED. SL/EXT
EINAUDI